Chinese Language

면세쇼핑서비스
중국어

이하정·유효홍 공저

(주)백산출판사

본 교재는 면세분야의 NCS개발이 이루어지지 않음에 따라 현장중심형 DACUM방식 대학자율 책무 '면세쇼핑서비스중국어'를 개발하고, 이에 따른 대학자율 작업을 개발하여 사용함

머리말

한국을 찾는 외국인 관광객들은 관광활동 중에서 가장 큰 비중을 쇼핑활동에 두고 있습니다. 그러나 관광산업은 타 산업에 비해 국내외적인 환경에 많은 영향을 받기 때문에 최근 중국관광객 급감에 따른 여파로 국내 관광산업은 여러 면에서 어려움을 겪고 있습니다.

전 세계 면세산업의 1위를 차지하고 있는 우리나라 면세산업의 역량을 다시 정비하고 면세산업의 전문인력을 양성하는 것은 이러한 어려운 상황을 극복하기 위해 가장 필요하다고 생각합니다.

수많은 중국어 교재가 발간되고 많은 학습자들이 중국어학습을 하고 있지만, 정작 대학에서 관광중국어 관련 교과목을 강의하면서도 실제 관광업계 현장을 생생하게 보여주고, 중국인 관광객을 효율적으로 응대하고 서비스할 수 있도록 준비된 교재를 찾는 것은 늘 어려운 숙제인 것 같습니다.

저자는 관광중국어통역안내원으로 재직했던 경험을 바탕으로 관광학 박사를 거쳐 대학에서 학생들에게 관광중국어 교과목을 강의하는 동안 해를 거듭할수록 가르친다는 것의 어려움과 책임감을 절감하게 되었습니다. 변화하는 환경과 매해 급변하는 학생들을 만나면서 이전처럼 단순히 이론과 지식만을 전하는 것뿐만 아니라 제자들의 변화와 요구를 이해하고, 더욱 실질적인 도움을 줄 수 있는 방법에 대해 고민하게 되었습니다.

'면세쇼핑서비스중국어'는 구성에서부터 유효홍 교수님과 함께하여 마치 사랑하는 제자들을 위한 선물을 준비하는 마음으로 오랜 시간 고민한 결과 완성할 수 있었습니다.

이러한 순수함에서 시작된 '면세쇼핑서비스중국어' 교재가 면세분야로의 진출을 희망하는 학생들에게 실제 면세서비스 현장에서 가장 유용하게 활용될 수 있기를 기대합니다. 또한 본 교재에 이어 '면세판매실무중국어' 교재를 활용하여 면세서비스 전문가로서 한 걸음 내딛을 수 있기를 기대합니다.

저자 이하정

차례

第一课

售货准备

(판매 준비)

第一课 售货准备(판매 준비)

〈면세쇼핑필수 기본 용어〉

1. 수사

'수사'란 숫자나 수량을 나타내는 말이고, 중국어에서 일반적으로 양사와 함께 사용된다.

5	4	3	2	1
↓	↓	↓	↓	↓
万	千	百	十	(个)
wàn	qiān	bǎi	shí	gè

(읽는 법: 五万四千三百二十一)

2. 양사

'양사'란 사람이나 사물의 수를 세는 단위를 나타내는 명사이고, 일반적으로 뒤에 명사가 온다.(숫자 + 양사 + 명사) 대표적인 양사 다음과 같다.

- 个(ge): 가장 광범위하게 사용되는 양사이다. 사람과 사물을 셀 때 쓰인다.
  一个, 两个, 三个, 四个, 五个, 六个, 七个, 八个, 九个, 十个,
  十一个, 十二个, 十三个, 十四个, 十五个, 十六个, 十七个, 十八个, 十九个,

二十个, 三十个, 四十个, 五十个, 六十个, 七十个, 八十个, 九十个, 一百个。

(*两과 二는 모두 2를 뜻하지만 '两'은 양사 앞에 쓰인다.)

예: 两个人, 两个包儿

- 包(bāo): 봉투(봉투 혹은 봉투 포장된 물건을 세는 양사)

一包面膜	yì bāo miànmó	마스크 팩 한 봉지
一包茶	yì bāo chá	차 한 봉지
一包泡菜	yì bāo pàocài	김치 한 봉지
一包巧克力	yì bāo qiǎokèlì	초콜릿 한 봉지
一包海苔	yì bāo hǎitái	김 한 봉지
一包方便面	yì bāo fāngbiànmiàn	라면 한 봉지
一包饼干	yì bāo bǐnggān	과자 한 봉지

- 副(fù): 쌍, 조(안경이나 장갑과 귀걸이를 세는 양사)

一副眼镜	yí fù yǎnjìng	양경 한 조
一副手套	yí fù shǒutào	장갑 한 쌍
一副耳环	yí fù ěrhuán	귀걸이 한 쌍

- 盒(hé): 갑(뚜껑이 있는 상자를 세는 양사)

一盒人参茶	yì hé rénshēnchá	인삼차 한 갑
一盒巧克力	yì hé qiǎokèlì	초콜릿 한 갑
一盒烟	yì hé yān	담배 한 갑
一盒粉底	yì hé fěndǐ	파운데이션 한 개
一盒粉饼	yì hé fěnbǐng	파우더팩트 한 개

- 件(jiàn): 벌(윗옷이나 코트를 세는 양사)

一件衬衫	yí jiàn chènshān	셔츠 한 벌
一件T恤	yí jiàn tīxù	티 한 벌
一件外套	yí jiàn wàitào	외투 한 벌

- 瓶(píng): 병(병을 세는 양사)

一瓶爽肤水	yì píng shuǎngfūshuǐ	스킨 한 병
一瓶护肤液	yì píng hùfūyè	로션 한 병
一瓶精华液	yì píng jīnghuáyè	에센스 한 병
一瓶眼霜	yì píng yǎnshuāng	아이크림 한 병
一瓶营养霜	yì píng yíngyǎngshuāng	영양크림 한 병
一瓶香水	yì píng xiāngshuǐ	향수 한 병
一瓶酒	yì píng jiǔ	술 한 병

- 双(shuāng): 켤레(양말이나 구두와 운동화를 세는 양사)

一双袜子	yì shuāng wàzi	양말 한 켤레
一双皮鞋	yì shuāng píxié	구두 한 켤레
一双运动鞋	yì shuāng yùndòngxié	운동화 한 켤레

- 套(tào): 세트, 벌(세트를 세는 양사)

一套护肤品	yí tào hùfūpǐn	기초화장품 한 세트
一套彩妆	yí tào cǎizhuāng	색조 화장품 한 세트
一套西装	yí tào xīzhuāng	양복 한 세트
一套炒锅	yí tào chǎoguō	프라이팬 한 세트

- 条(tiáo): 벌, 보루(바지, 스카프, 담배, 목걸이 등 세는 양사)

一条裤子	yì tiáo kùzi	바지 한 벌
一条裙子	yì tiáo qúnzi	치마 한 벌
一条丝巾	yì tiáo sījīn	스카프 하나
一条领带	yì tiáo lǐngdài	넥타이 하나
一条腰带	yì tiáo yāodài	허리벨트 하나
一条项链	yì tiáo xiàngliàn	목걸이 하나
一条烟	yì tiáo yān	담배 한 보루

3. 색상과 재질

- 색상 颜色(yánsè)

红色	hóngsè	빨강색
酒红色	jiǔhóngsè	와인색
黑色	hēisè	검정색
白色	báisè	흰색
米色	mǐsè	베이지색
乳白色	rǔbáisè	크림색
象牙白	xiàngyábái	아이보리색
粉色	fěnsè	핑크색
棕色	zōngsè	브라운색
卡其色	kǎqísè	카키색
黄色	huángsè	노란색
橙色	chéngsè	오렌지색

蓝色 liánsè 파란색
绿色 lǜsè 녹색
紫色 zǐsè 자주색
灰色 huīsè 회색
深色 shēnsè 짙은 색
浅色 qiǎnsè 연한 색

• 재질 材料(cáiliào)

纯棉 chúnmián 순면
真丝 zhēnsī 실크
麻 má 마
雪纺绸 xuěfǎngchóu 쉬폰
涤纶 dílún 폴리에스터
羊绒 yángróng 캐시미어
牛皮 niúpí 소가죽
小牛皮 xiǎo niúpí 송아지 가죽
羊皮 yángpí 양가죽
山羊皮 shānyángpí 염소가죽
翻毛皮 fānmáopí 스웨이드
人造革 rénzhàogé 인조가죽
帆布 fánbù 갠버스

4. 무늬와 사이즈

• 무늬

条纹	tiáowén	줄 무늬
花纹	huāwén	꽃 무늬
带点儿	dàidiǎnr	물방울 무늬
带格儿	dàigér	바둑판 무늬

• 의류 衣服(yīfu) 사이즈 기준

小号	xiǎohào	S
中号	zhōnghào	M
大号	dàhào	L
加大号	jiā dàhào	XL
特大号	tè dàhào	XXL

• 신발 鞋(xié)의 사이즈 기준

34号	sānshísì hào	220
35号	sānshíwǔ hào	225
36号	sānshíliù hào	230
37号	sānshíqī hào	235
38号	sānshíbā hào	240
39号	sānshíjiǔ hào	245
40号	sìshí hào	250
41号	sìshíyīhào	255

42号	sìshíèrhào	260
43号	sìshísān hào	265
44号	sìshísìhào	270
45号	sìshíwǔ hào	275
46号	sìshíliù hào	280

5. 금액

• 각국의 화폐단위

人民币	rénmínbì	인민폐 CNY
韩元	hán yuán	한국 돈 KRW
美元	měi yuán	미국 돈 $

인민폐의 화폐 단위는 '元 yuán', '角 jiǎo', '分 fēn'인데, 구어체에서 '块 kuài' '毛 máo' '分 fēn'을 사용한다.

그리고 일상생활에서 '分 fēn'은 점점 사용되지 않는 추세이다.

• 금액을 읽는 방법

100.00:	一百块	yì bǎi kuài
50.00:	五十块	wǔ shíkuài
20.00:	二十块	èr shí kuài
10.00:	十块	shí kuài
5.00:	五块	wǔ kuài
2.00:	两块	liǎng kuài

1.00: 一块 yí kuài

0.50: 五毛 wǔ máo

0.20: 两毛 liǎng máo

0.10: 一毛 yìmáo

108. 00: 一百零八块 yì bǎi líng bā kuài

56.00: 五十六块 wǔ shí liù kuài

23.20: 二十三块两毛 èr shí sān kuài liǎng máo

10.50: 十块零五毛 shí kuài líng wǔ máo

一万韩元/ 换成/ 人民币/是/56块。

yí wàn hányuán / huànchéng /rénmínbì/shì/ wǔshíliù kuài。

₩10,000=¥56

第二课

迎送顾客

(고객응대)

第二课 迎送顾客(고객응대)

新单词

欢迎光临	huānyíng guānglín	어서 오세요.
卖场	màichǎng	매장
第一次	dìyícì	처음
随便	suíbiàn	편할 대로, 좋을 대로~하다
看看	kànkan	구경하다. 둘러보다.
需要	xūyào	필요하다. 요구되다.
帮忙	bāngmáng	돕다. 도움
介绍	jièshào	소개하다. 설명하다.
自己用	zìjǐyòng	본인이 사용하다.
送人	sòngrén	(다른 사람에게)선물하다.
随时	suíshí	즉시. 언제나
新款	xīnkuǎn	새 스타일
人气商品	rénqìshāngpǐn	인기상품
打折	dǎzhé	할인하다
眼光	yǎnguāng	안목
结帐	jiézhàng	계산하다
出示	chūshì	제시하다

护照	hùzhào	여권
登机牌	dēngjīpái	탑승권
回国日期	huíguórìqī	출국일
电话号码	diànhuàhàomǎ	전화번호
跟团游	gēntuányóu	단체 여행
个人游	gèrényóu	개인 여행
现金	xiànjīn	현금
信用卡	xìnyòngkǎ	신용카드
支付宝	zhīfùbǎo	알리페이
微信支付	wēixìnzhīfù	위챗페이
汇率	huìlǜ	환율
确认	quèrèn	확인하다
签字	qiānzì	서명하다. 사인하다
收据	shōujù	영수증
开封	kāifēng	편지나 포장을 개봉하다. 뜯다
退换	tuìhuàn	교환하다. 반품하다.
拿	ná	(손으로) 잡다/쥐다.
祝	zhù	기원하다. 바라다.
旅行	lǚxíng	여행. 여행하다.
愉快	yúkuài	즐겁다
拐	guǎi	방향을 바꾸다.
登机口	dēngjīkǒu	탑승 게이트
一直	yìzhí	똑바로. 계속해서
往前	wǎngqián	앞으로
走	zǒu	가다. 걷다

课文

1. 您好！欢迎光临我们卖场。
nínhǎo! huānyíngguānglín wǒmen màichǎng。

2. 随便看一下儿。/随便看看。
suíbiàn kàn yíxiàr。/suíbiàn kànkan。

3. 您是第一次来吗？
nín shì dìyícì lái ma?

4. 需要帮忙吗？
xūyào bāngmáng ma?

5. 请跟我来。
qǐng gēn wǒ lái。

6. 您说的在这儿。
nín shuō de zài zhèr。

7. 我给您介绍介绍？
wǒ gěi nín jièshàojièshào?

8. 您自己用还是送人？
nín zìjǐ yòng háishì sòngrén?

9. 请慢慢儿看。
qǐng mànmānr kàn。

10. 您有什么需要随时叫我。
nín yǒu shénme xūyào suíshí jiào wǒ。

11. 有喜欢的吗?
yǒu xǐhuān de ma?

12. 这是最新款，人气商品。
zhè shì zuì xīnkuǎn, rénqìshāngpǐn。

13. 请稍等。
qǐng shāoděng。

14. 现在打折。
xiànzài dǎzhé。

15. 您真有眼光。
nín zhēn yǒu yǎnguāng。

16. 这边儿结帐，请出示护照和登机牌。
zhèbiānr jiézhàng, qǐng chūshì hùzhào hé dēngjīpái。

17. 您的回国日期是~?
nín de huíguó rìqī shì~?

18. 您的电话号码是~?
nín de diànhuàhàomǎ shì~?

19. 您跟团游还是个人游?
nín gēntuányóu háishì gèrényóu?

20. 您付韩元还是人民币?
nín fù hányuán háishì rénmínbì?

21. 您用现金还是信用卡?
nín yòng xiànjīn háishì xìnyòngkǎ?

22. 支付宝和微信支付都可以。
zhīfùbǎo hé wēixìnzhīfù dōu kěyǐ。

23. 今天的汇率是1:172
jīntiān de huìlǜ shì yī bǐ yīqīèr。

24. 确认一下儿，请签字。
quèrèn yíxiàr, qǐng qiānzì。

25. 这是收据，别弄丢了。
zhè shì shōujù, bié nòng diū le。

26. 想退换的话，带着收据来。
xiǎng tuìhuàn dehuà, dài zhe shōujù lái。

27. 开封的和使用过的不能退换。
kāifēng de hé shǐyòngguo de bùnéng tuìhuàn。

28. 拿好东西，请慢走。
ná hǎo dōngxī, qǐng mànzǒu。

29. 欢迎下次再来。
huānyíng xiàcì zài lái。

30. 祝您旅行愉快!
zhù nín lǚxíng yúkuài!

31. 洗手间出门左拐。／右拐。
xǐshǒujiān chūmén zuǒguǎi。/yòuguǎi。

32. 登机口一直往前走就到了。
dēngjīkǒu yìzhí wǎng qián zǒu jiù dào le。

语法

1. 随便看一下儿。/请稍等一下儿。

'一下儿': 항상 동사 뒤에 쓰여, '한번 ~하다'의 뜻을 나타낸다.

① 请您确认一下儿，是不是您的东西?
qǐng nín quèrèn yíxiàr, shìbushì nín de dōngxī?

② 您穿一下儿，是大还是小?
nín chuān yíxiàr, shì dà háishì xiǎo?

③ 妈，您尝一下儿，这个菜真好吃。
mā, nín cháng yíxiàr, zhè ge cài zhēn hǎochī。

④ 不试一下儿，怎么知道不行?
bú shì yíxiàr, zěnme zhīdào bùxíng?

⑤ 帮我拿一下儿，我再看看别的。
bāng wǒ ná yíxiàr, wǒ zài kànkan biéde。

2. 随便看看。/我给您介绍介绍?

동사의 중첩: 단음절 동사의 중첩형은 'AA'혹은 'A一A'이고, 쌍음절 동사는 'ABAB'로 중첩한다. 어떤 동작을 시험 삼아 해 보다는 의미를 나타낸다.

① 这个护手霜我可以试试吗?
zhè ge hùshǒushuāng wǒ kěyǐ shìshì ma?

② 大家都和我去明洞逛逛。
dàjiā dōu hé wǒ qù míngdòng guàngguàng。

③ 听听音乐，和朋友聊聊天也不错。
tīngtīng yīnyuè , hé péngyǒu liáoliáotiān yě búcuò。

④ 身体不舒服，就在家休息休息吧。
shēntǐ bù shūfu, jiù zài jiā xiūxixiūxi ba。

⑤ 有事儿的时候，一定要跟父母商量商量。
yǒushìr de shíhòu, yídìng yào gēn fùmǔ shāngliàngshāngliàng。

3. 您付韩币还是人民币？ ／您用现金还是信用卡?

'还是' 접속사 '还是'는 선택 관계를 나타내고 가능성이 있는 두 가지의 대답을 연결해서 의문문을 만든다.

① 你坐飞机去还是坐船去?
nǐ zuò fēijī qù háishì zuò chuán qù?

② 您想去东大门还是南大门?
nǐ xiǎng qù dōngdàmén háishì nándàmén?

③ 是市内免税店还是机场免税店?
shì shìnèi miǎnshuìdiàn háishì jīchǎng miǎnshuìdiàn?

④ 我不知道吃中国菜好还是吃韩国菜好?
wǒ bù zhīdào chī zhōngguó cài hǎo háishì chī hánguó cài hǎo?

⑤ 您要红的还是要黑的?
nín yào hóngde háishì yào hēide?

4. 这是收据，别弄丢了。

'弄'은 여러 가지 뜻과 용법을 가지고 있다. 여기서는 결과보어 앞에 쓰이고 좋지 않은 결과를 초래한다는 의미를 나타낸다.

① 吃饭的时候，小心汤，别弄脏了衣服。
chīfàn de shíhòu, xiǎoxīn tāng, bié nòng zāng le yīfu。

② 孩子不听话，玩具弄坏了。
háizi bù tīnghuà, wánjù nòng huài le。

③ 你弄不好的话，就叫售后服务的人来吧。
nǐ nòng bùhǎo dehuà, jiù jiào shòuhòufúwù de rén lái ba。

④ 我不是中国人，你弄错了。
wǒ búshì zhōngguórén, nǐ nòng cuò le。

⑤ 电视的声音太大了，弄醒了全家人。
diànshì de shēngyīn tài dà le, nòng xǐng le quánjiārén。

단어

护手霜	hùshǒushuāng	핸드크림
商量	shāngliàng	상의하다
汤	tāng	국, 찌개
玩具	wánjù	장난감
售后服务	shòuhòufúwù	A/S
醒	xǐng	깨다

练习

一. 문형 연습

1. 我介绍一下儿。

   您试一下儿。

   您背一下儿。

   您摸一下儿。

   您戴一下儿。

2. 您看看，怎么样？

   您尝尝，好吃吗？

   您等等，我马上来。

   锻炼锻炼，身体就好了。

   再考虑考虑，通知你。

3. 你是老师还是学生？

   她是韩国人还是中国人？

   我们坐高铁还是坐飞机？

喜欢穿裙子还是穿裤子?

您要买大的还是买小的?

4. 电脑弄坏了，怎么办?

衣服弄脏了，得送去干洗了。

你弄错了，不是今天是明天。

弄不明白，看看说明书。

孩子弄疼了，她哭了。

단어

背	bēi	메다
摸	mō	만지다. 쓰다듬다
戴	dài	착용하다
锻炼	duànliàn	단련하다
考虑	kǎolǜ	고려하다
通知	tōngzhī	알리다
高铁	gāotiě	고속철도
干洗	gānxǐ	드라이클리닝
说明书	shuōmíngshū	설명서
疼	téng	아프다
哭	kū	울다

二. 괄호 안에 들어간 단어를 보기에서 고르세요.

(随时 护照 签字 卖场 汇率 跟团 帮忙 打折 登机口 登机牌 个人 退换)

1. 欢迎光临我们(　　　　)。

2. 需要(　　　　)吗?

3. 您有什么需要(　　　　)叫我。

4. 现在(　　　　)。

5. 请出示(　　　　)和(　　　　)。

6. 您(　　　　)游还是(　　　　)游?

7. 今天的(　　　　)是1:172

8. 确认一下儿，请(　　　　)。

9. 开封的和使用过的不能(　　　　)。

10. (　　　　)一直往前走就到了。

三. 다음 빈칸을 채우세요.

중국어	중국어 발음과 성조	한국어 뜻
		처음
	huí guó rì qī	
结帐		
信用卡		
	diàn huà hào mǎ	
		안목
新款		
	rén qì shāng pǐn	
		기원하다
往前走		

四. 다음 한국어 문장을 중국어로 번역해 주세요.

1. 어서 오세요. 롯데 면세점입니다.

2. 저를 따라 오세요.

3. 고객님께서 사용하신가요, 아니면 선물하실 건가요?

4. 마음에 드신 것 있으세요?

5. 현금과 신용카드 어떻게 결제해 드릴까요?

6. 영수증을 잃어버리지 마세요!

7. 물건을 잘 챙기시고 살펴가세요!

8. 다음에 또 오십시오!

9. 즐거운 여행을 되세요!

10. 탑승구는 앞으로 쭉 가시면 됩니다.

第三课

在机场免税店
(공항면세점에서)

第三课 在机场免税店(공항면세점에서)

新单词

成为	chéngwéi	~으로 되다.
一员	yìyuán	일원, 구성원
熟悉	shúxī	익히 알다, 상세히 알다.
区域	qūyù	구역, 지역
具体	jùtǐ	구체적이다
位置	wèizhì	위치
便利设施	biànlìshèshī	부대시설
咨询处	zīxúnchù	안내소
不管怎么说	bùguǎnzěnmeshuō	뭐니 뭐니 해도
补品	bǔpǐn	건강 보조 식품
厨房用具	chúfángyòngjù	주방도구
销售额	xiāoshòu'é	매출액
领取	lǐngqǔ	받다, 수령하다
取货单	qǔhuòdān	인도 증
办理	bànlǐ	처리하다
退税	tuìshuì	세금을 돌려받다

候机厅	hòujītīng	(비행기) 대합실
海关申报	hǎiguānshēnbào	세관 신고
附近	fùjìn	부근, 근처
搭乘洞	dāchéngdòng	탑승동
药店	yàodiàn	약국
旁边	pángbiān	옆
不用	búyòng	~할 필요가 없다.
排队	páiduì	줄을 서다.
当场	dāngchǎng	당장, 현장
拿走	názǒu	가지고 가다.
规定	guīdìng	규정하다. 정하다.
必须	bìxū	반드시. 해야 한다.
地点	dìdiǎn	장소. 위치

课文 1 向新员工介绍卖场

经理: 大家好！欢迎大家成为我们免税店的一员。
dàjiāhǎo! huānyíng dàjiā chéngwéi wǒmen miǎnshuìdiàn de yìyuán。

我是经理，叫金智慧。
wǒ shì jīnglǐ, jiào jīnzhìhuì。

新员工: 经理好！很高兴能在这里工作，我们会努力的。
jīnglǐhǎo! hěn gāoxìng néng zài zhèlǐ gōngzuò, wǒmen huì nǔlì de。

经理: 今天是第一天上班，先熟悉一下儿工作环境。
jīntiān shì dìyītiān shàngbān, xiān shúxī yíxiàr gōngzuò huánjìng。

新员工: 我们的卖场在几层?
wǒmen de màichǎng zài jǐ céng?

经理: 免税区域都在三层的登机层。
miǎnshuì qūyù dōu zài sān céng de dēngjī céng。

新员工: 具体的位置都在哪儿?
jùtǐ de wèizhì dōu zài nǎr?

经理: 你们看，电梯的右边就是乐天免税店。电梯的左边是新罗免税店，它的旁边是韩国旅游发展局免税店。
nǐmen kàn, diàntī de yòubiān jiùshì lètiān miǎnshuìdiàn。diàntī de zuǒbiān shì xīnluó miǎnshuìdiàn, tā de pángbiān shì hánguó lǚyóu fāzhǎnjú miǎnshuìdiàn。

新员工: 除了免税店以外，还有其他便利设施吗?
chúle miǎnshuìdiàn yǐwài, háiyǒu qítā biànlìshèshī ma?

经理: 当然有。除了免税店以外，还有便利店、快餐店、银行、咨询处等等。
dāngrán yǒu。chúle miǎnshuìdiàn yǐwài, háiyǒu biànlìdiàn, kuàicāndiàn, yínháng, zīxúnchù děngděng。

新员工: 中国游客最喜欢什么产品?
zhōngguó yóukè zuì xǐhuān shénme chǎnpǐn?

经理: 不管怎么说还是化妆品。另外，皮包和服装也很受欢迎。
bùguǎn zěnmeshuō háishì huàzhuāngpǐn。lìngwài, píbāo hé fúzhuāng yě hěn shòu huānyíng。

还有韩国的红参补品和厨房用具也卖得很好。
háiyǒu hánguó de hóngshēnbǔpǐn hé chúfángyòngjù yě mài de hěn hǎo。

新员工: 卖场真是又多又大啊!
màichǎng zhēn shì yòu duō yòu dà a!

经理: 我们免税店的销售额是全世界第三位。
wǒmen miǎnshuìdiàn de xiāoshòu'é shì quánshìjiè dì sān wèi。

课文 2 机场咨询处

中国游客: 你好! 我想知道在哪儿领取在市内购买的免税商品。
nǐhǎo! wǒ xiǎng zhīdào zài nǎr lǐngqǔ zài shìnèi gòumǎi de miǎnshuì shāngpǐn。

咨询处职员: 请出示一下儿您的护照和取货单。
qǐng chūshì yíxiàr nín de hùzhào hé qǔhuòdān。

除了市内免税店您在别的地方购物了吗?
chúle shìnèi miǎnshuìdiàn nín zài biéde dìfāng gòuwù le ma?

中国游客: 我没买, 但是我的朋友买了很多。在这里能办理吗?
wǒ méi mǎi, dànshì wǒ de péngyǒu mǎi le hěn duō。zài zhèli néng bànlǐ ma?

咨询处职员: 对不起, 这儿是咨询处。我们有免税商品领取处和退税处。
duìbuqǐ, zhèr shì zīxúnchù。wǒmen yǒu miǎnshuì shāngpǐn lǐngqǔchù hé tuìshuìchù。

中国游客: 我不知道具体的位置。
wǒ bùzhīdào jùtǐ de wèizhì。

咨询处职员: 我们这儿有三个退税处。一个在候机厅三楼海关申报处附近, 四层26和27的gate附近也有一个, 另外一个在搭乘洞中央药店旁边。
wǒmen zhèr yǒu sān ge tuìshuìchù。yí ge zài hòujītīng sān lóu hǎiguān shēnbàochù fùjìn, sì céng èrshíliù hé èrshíqī de gate fùjìn yě yǒu yíge, lìngwài yí ge zài dāchéngdòng zhōngyāng yàodiàn pángbiān。

中国游客: 太麻烦了。还要等很长时间吧?
tài máfan le。háiyào děng hěncháng shíjiān ba?

咨询处职员: 那您也可以用支付宝退税，又简单又方便，还不用去排队。
nà nín yě kěyǐ yòng zhīfùbǎo tuìshuì, yòu jiǎndān yòu fāngbiàn, hái búyòng qù páiduì。

中国游客: 为什么在市内买的东西，不能当场拿走?
wèishénme zài shìnèi mǎi de dōngxi, bùnéng dāngchǎng názǒu?

咨询处职员: 韩国海关法规定，外国人市内免税店购物，必须在机场领取商品。不过，土特产品没关系。
hánguó hǎiguānfǎ guīdìng, wàiguórén shìnèi miǎnshuìdiàn gòuwù, bìxū zài jīchǎng lǐngqǔ shāngpǐn。búguò, tǔtèchǎnpǐn méiguānxì。

中国游客: 那我去哪儿取货呢?
nà wǒ qù nǎr qǔ huò ne?

咨询处职员: 要看您的具体航班。取货地点都不一样。
yào kàn nín de jùtǐ hángbān。qǔhuò dìdiǎn dōu bùyíyàng。

语法

1. 除了免税店以外，还有其他便利设施吗？

'除了A以外, 还B' 'A를 제외하고도, 또한 B다'의 의미를 나타나다. 주어가 같다. 그 외에 다른 표현은 '除了A以外, B也~' 'A를 제외하고도, B도 역시 ~다'의 의미를 나타낸다. 주어가 다르다.

① 去济州岛， 除了可以游览自然风光以外，还可以购物。
qù jìzhōudǎo, chúle kěyǐ yóulǎn zìrán fēngguāng yǐwài, hái kěyǐ gòuwù。

② 除了化妆品以外，你还买了什么？
chúle huàzhuāngpǐn yǐwài, nǐ hái mǎi le shénme?

③ 除了支付宝以外，微信支付也行。
chúle zhīfùbǎo yǐwài, wēixìn zhīfù yě xíng。

④ 除了女士包儿打折以外，男士包儿也打折。
chúle nǚshìbāor dǎzhé yǐwài, nánshìbāor yě dǎzhé。

⑤ 除了可以上网以外，我们还免费提供wifi服务。
chúle kěyǐ shàngwǎng yǐwài, wǒmen hái miǎnfèi tígōng wifi fúwù。

2. 卖场真是又多又大啊！

'又A又B'는 'A하기도 하고 B하기도 하다'의 의미를 나타낸다.

① 免税店的东西又好又便宜。
miǎnshuìdiàn de dōngxī yòu hǎo yòu piányì。

② 这个电影很不错，弄得观众又哭又笑。
zhège diànyǐng hěn búcuò, nòng de guānzhòng yòu kū yòu xiào。

③ 最近的天气，又潮又冷。
zuìjìn de tiānqì, yòu cháo yòu lěng。

④ 五级通过了，她高兴得又唱又跳。
wǔ jí tōngguò le, tā gāoxìng de yòu chàng yòu tiào。

⑤ 这个酒店真是又干净又漂亮。
zhè ge jiǔdiàn zhēn shì yòu gānjìng yòu piàoliàng。

3. 太麻烦了。还要很长时间吧？

'麻烦'은 '귀찮게 하다, 폐를 끼치다'의 의미를 나타낸다. 동사로서 항상 상대방의 도움에 대해 감사를 표시할 때 쓰인다.

① 我不太懂，麻烦你帮我挑挑。
wǒ bútài dǒng, máfán nǐ bāng wǒ tiāotiāo。

② 给您添麻烦了，真对不起。
gěi nín tiān máfán le, zhēn duìbuqǐ。

③ 麻烦您给我一张海关申报单。
máfán nín gěi wǒ yì zhāng hǎiguān shēnbàodān。

또한 '麻烦'은 '귀찮다, 번거롭다'의 의미도 나타낸다. 이때 동사가 아닌 형용사로 쓰인다.

① 最近麻烦事儿太多，要一件件解决。
zuìjìn máfán shìr tài duō, yào yí jiànjiàn jiějué。

②在家做饭太麻烦，我们出去吃吧!
zài jiā zuò fàn tài máfán, wǒmen chūqù chī ba!

③不要太着急，出国手续有点儿麻烦。
búyào tài zháojí, chūguó shǒuxù yǒudiǎnr máfán。

4. 韩国海关法规定，外国人市内免税店购物，必须在机场领取商品。不过，土特产没关系。

'没关系'은 '괜찮다'의 의미를 나타낸다. 항상 상대방의 '사과'를 받아드릴 때 쓰인다.

① 对不起，我迟到了。／没关系，快坐吧!
duìbuqǐ, wǒ chídào le。/méiguānxì, kuàizuòba!

② 给您添麻烦了，真对不起。／没关系，你太客气了。
gěi nín tiān máfán le, zhēn duìbuqǐ。/méiguānxì, nǐ tài kèqì le。

③ 对不起，我弄丢了你的书。／没关系，再买一本吧!
duìbuqǐ, wǒ nòng diū le nǐ de shū。/méiguānxì, zài mǎi yì běn ba!

또한 '没关系'은 '상관없다'의 의미도 나타나다.

① 他来不来没关系，不是很重要的会议。
tā láibulái méiguānxì, búshì hěn zhòngyào de huìyì。

② 今天休息，晚一点儿起床没关系。
jīntiān xiūxi, wǎn yìdiǎnr qǐchuáng méiguānxì。

③ 别人说什么没关系，我们自己要三观正。
biérén shuō shénme méiguānxì, wǒmen zìjǐ yào sānguān zhèng。

참고 단어

自然风光	zìránfēngguāng	자연 경치
潮	cháo	눅눅하다
免费提供	miǎnfèitígōng	무료로 제공하다.
海关申报单	hǎiguān shēnbàodān	세관 신고서
解决	jiějué	해결하다
丢	diū	잃어버리다
三观正	sānguān zhèng	세계의 관념이 올바르게 바로 잡힌 상태.
世界观	shìjièguān	세계관
人生观	rénshēngguān	인생관
价值观	jiàzhíguān	가치관

练习

一. 문형 연습

1. 除了老师以外，大家都坐着。

   除了电视剧以外，还有小说。

   除了感谢的话以外，不知道说什么。

   除了下雨以外，他每天都跑步。

   除了努力工作以外，没有别的办法。

2. 大熊猫又可爱又滑稽。

   汉语课又生动又有趣。

   米色的大衣又漂亮又大方。

   游客来了，我又紧张又兴奋。

   妈妈又工作又做家务，很辛苦。

3. 麻烦你明天六点叫醒我。

   帮我挑了半天，太麻烦你了。

我一个人行，不麻烦你了。

星期六和星期天化妆太麻烦。

孩子放假在家总是很麻烦。

4. 没关系，我也刚到!

没关系，坏了就坏了。

没关系，都过去了，忘了吧!

这件事儿，跟我没关系。

我们不出去，下不下雪没关系。

단어

跑步	pǎobù	달리다
大熊猫	dàxióngmāo	판다
滑稽	huájī	익살스럽다
生动	shēngdòng	생동감 있다
大方	dàfāng	우아하다
忘	wàng	잊다
紧张	jǐngzhāng	긴장하다
兴奋	xìngfèn	흥분하다
过去	guòqù	지나가다

二. 괄호 안에 들어갈 단어를 보기에서 고르세요.

(什么产品 几层 免税商品 必须 化妆品 销售额 办理 取货 熟悉 当场)

1. 今天是第一天上班，先(　　　　)一下儿工作环境。

2. 我们的卖场在(　　　　)?

3. 中国游客最喜欢(　　　　)?

4. 不管怎么说还是(　　　　)。

5. 我们免税店的(　　　　)是全世界第三位。

6. 我想知道在哪儿领取在市内购买的(　　　　)。

7. 在这里能(　　　　)吗?

8. 为什么在市内买的东西，不能(　　　　)拿走?

9. 外国人市内免税店购物，(　　　　)在机场领取商品。

10. (　　　　)地点都不一样。

三. 다음 빈칸을 채우세요.

중국어	중국어 발음과 성조	한국어 뜻
		구역
	biàn lì shè shī	
咨询处		
海关		
	hòu jī tīng	
		안목
旁边		
	dā chéng dòng	
		줄을 서다
拿走		

四. 다음 한국어 문장을 중국어로 번역해 주세요.

1. 우리 면세점 직원이 되신 걸 환영합니다.

2. 여기서 근무하는 것이 정말 영광입니다.

3. 엘리베이터의 오른 쪽은 롯데 면세점입니다.

4. 한국의 가방과 의류도 인기가 많습니다.

5. 매장이 정말 많고 크네요!

6. 여기는 안내 디스크입니다.

7. 시간이 많이 걸려나요?

8. 알리페이로 세금을 돌려받을 수 있습니다.

9. 어디 가서 구매한 물건을 수령할 수 있습니까?

10. 구체적인 항공편을 봐야 합니다.

第四课

在市内免税店
(시내면세점에서)

第四课 在市内免税店(시내면세점에서)

新单词

负责	fùzé	책임이 지다.
培训	péixùn	교육을 받다. 양성하다.
请多多指教	qǐngduōduōzhǐjiào	많이 가르쳐 주세요. 잘 부탁드립니다.
参观学习	cānguānxuéxí	견학하다
特征	tèzhēng	특징
类型	lèixíng	유형. 장르
以便	yǐbiàn	(하기에 편리)하도록~
上岗工作	shànggǎnggōngzuò	일하다
大品牌	dàpǐnpái	유명한 브랜드
几乎	jīhū	거의
应有尽有	yīngyǒujìnyǒu	있어야 할 것은 모두 다 있다. 없는 것이 없다.
听说	tīngshuō	듣자 하니
总店	zǒngdiàn	본점
航站楼	hángzhànlóu	(공항)터미널
分店	fēndiàn	지점
导购	dǎogòu	쇼핑 가이드

过硬	guòyìng	(능력이) 훌륭하다. 탄탄한 실력이 있다.
注意事项	zhùyìshìxiàng	주의사항
了如指掌	liǎorúzhǐzhǎng	손금 보듯이 확실히 안다.
了解	liǎojiě	잘 알다. 이해하다.
消费习惯	xiāofèixíguàn	소비습관
换钱	huànqián	환전하다
按	àn	~에 따라
面值	miànzhí	액면(가격). 짜리
数	shǔ	세다

课文 1 新员工培训

经理: 大家好! 欢迎大家成为我们市内免税店的一员。
dàjiāhǎo! huānyíng dàjiā chéngwéi wǒmen shìnèi miǎnshuìdiàn de yìyuán。

我是经理, 叫金智慧。负责你们的培训。
wǒ shì jīnglǐ, jiào jīn zhì huì。fùzé nǐmen de péixùn。

新员工: 经理好! 请多多指教。
jīnglǐhǎo! qǐngduōduōzhǐjiào。

经理: 从今天起, 大家和我一起参观学习各个卖场的特征和类型, 熟悉销售情况以便以后工作。
cóng jīntiānqǐ, dàjiā hé wǒ yìqǐ cānguānxuéxí gège màichǎng de tèzhēng hé lèixíng, shúxī xiāoshòu qíngkuàng yǐbiàn yǐhòu gōngzuò。

新员工: 我们的卖场在百货商店的几层?
wǒmen de màichǎng zài bǎihuòshāngdiàn de jǐ céng?

经理: 从九层到十二层都是。全球大品牌几乎应有尽有。
cóng jiǔ céng dào shíèr céng dōu shì。quánqiú de dà pǐnpái jīhū yīngyǒujìnyǒng。

新员工: 听说机场也有我们的免税店。
tīngshuō jīchǎng yě yǒu wǒmen de miǎnshuìdiàn。

经理: 我们免税店的总店在明洞, 仁川机场一航站楼和二航站楼都有我们的分店。
wǒmen miǎnshuìdiàn de zǒngdiàn zài míngdòng, rénchuān jīchǎng yī hángzhànlóu hé ér hángzhànlóu dōu yǒu wǒmen de fēndiàn。

另外，还有COEX店、世界大厦店、釜山店、金浦机场店、济州店。
lìngwài, háiyǒu COEXdiàn, shìjièdàshàdiàn, fǔshāndiàn, jīnpǔjīchǎngdiàn, jìzhōudiàn。

新员工: 哇！真多啊！
wā! zhēn duō a!

经理: 我们的顾客主要是中国游客。
wǒmen de gùkè zhǔyào shì zhōngguóyóukè。

新员工: 那要把汉语学好了，不然没法工作了。
nà yào bǎ hànyǔ xué hǎo le, bùrán méi fǎ gōngzuò le。

经理: 你说得对。所以我们免税店不但卖场的售货员汉语说得流利，而且每层导购的汉语也很过硬。
nǐ shuō de duì。suǒyǐ wǒmen miǎnshuìdiàn búdàn màichǎng de shòuhuòyuán hànyǔ shuō de liúlì, érqiě měi céng dǎogòu de hànyǔ yě hěn guòyìng。

新员工: 每层都有导购？
měi cén dōu yǒu dǎogòu?

经理: 就是为了方便中国游客购物。
jiùshì wèile fāngbiàn zhōngguóyóukè gòuwù。

新员工: 还有哪些注意事项？
háiyǒu nǎxiē zhùyìshìxiàng?

经理: 一定要对产品了如指掌，了解中国人的消费习惯。
yídìng yào duì chǎnpǐn liǎorúzhǐzhǎng, liǎojiě zhōngguórén de xiāofèixíguàn。

课文 2 市内免税店换钱

中国游客: 请问，这儿能换钱吗？
qǐngwèn, zhèr néng huànqián ma?

换钱处职员: 可以，您是要换韩币吗？换多少？
kěyǐ, nín shì yào huàn hánbì ma? huàn duōshǎo?

中国游客: 对，我想换一百万韩币。
duì, wǒ xiǎng huàn yì bǎi wàn hánbì。

换钱处职员: 请出示一下儿您的护照。
qǐng chūshì yíxiàr nín de hùzhào。

中国游客: 今天的汇率是多少？
jīntiān de huìlǜ shì duōshǎo?

换钱处职员: 1:172。按今天的汇率，要人民币六千零九十七块。
yī bǐ yīqīér。àn jīntiān de huìlǜ, yào rénmínbì liùqiān líng jiǔshíqīkuài。

中国游客: 好的，这是六千一。
hǎode, zhè shì liù qiān yī。

换钱处职员: 怎么给您换？您要多大面值的？
zěnme gěi nín huàn? nín yào duōdà miànzhí de?

中国游客: 请给我十张五万的，五十张一万的。
qǐng gěi wǒ shí zhāng wǔ wàn de, wǔ shí zhāng yí wàn de。

换钱处职员: 换好了，您数一下儿。
huàn hǎo le, nín shǔ yíxiàr。

中国游客: 谢谢你。
xièxiènǐ。

语法

1. 从今天起，大家和我一起参观学习各个卖场的特征和类型，熟悉销售情况以便以后上岗工作。

'从~起' '~부터 시작하다'의 의미를 나타낸다. 그 외에 다른 표현은 '从~开始'다. 같은 의미를 지니고 있다.

① 从现在起，打起精神，学好汉语。
cóng xiànzài qǐ, dǎqǐ jīngshén, xué hǎo hànyǔ。

② 从古代起，中国人就很喜欢诗词歌赋。
cóng gǔdài qǐ, zhōngguórén jiù hěn xǐhuān shīcígēfù。

③ 从店长开始，每天的工作不能超过八小时。
cóng diànzhǎng kāishǐ, měitiān de gōngzuò bùnéng chāoguò bā xiǎoshí。

④ 从淘宝开始，中国的网上购物平台越来越多了。
cóng táobǎo kāishǐ, zhōngguó de wǎngshànggòuwù píngtái yuèláiyuè duō le。

⑤ 从星期一开始，我们要穿夏装了。
cóng xīngqīyī kāishǐ, wǒmen yào chuān xiàzhuāng le。

2. 从九层到十二层都是。全球大品牌几乎应有尽有。

'从A到B'는 'A부터 B까지'의 의미를 가지고 있고 시간과 공간의 거리를 나타낸다.

① 上班时间是从早上9点到晚上六点。
shàngbān shíjiān shì cóng zǎoshàng jiǔ diǎn dào wǎnshàng liù diǎn。

② 从十月一号到十月七号是国庆节。
cóng shí yuè yī hào dào shí yuè qī hào shì guóqìngjié。

③ 从你家到学校要多长时间?
cóng nǐ jiā dào xuéxiào yào duōchángshíjiān?

④ 从首尔到上海坐飞机要两个小时。
cóng shǒu'ěr dào shànghǎi zuò fēijī yào liǎng ge xiǎoshí。

⑤ 从酒店到机场，如果坐出租车要一万多。
cóng jiǔdiàn dào jīchǎng, rúguǒ zuò chūzūchē yào yíwàn duō。

3. 那要把汉语学好了，不然没法工作了。

'把'는 '주어+把+목적어+동사+기타성분'의 형식으로 쓰이고 주어가 목적어를 어떻게 했는지(할 것인지)를 설명한다.

① 请把护照和机票放在一起。
qǐng bǎ hùzhào hé jīpiào fàng zài yìqǐ。

② 请把您的大衣挂在衣架上。
qǐng bǎ nín de dàyī guà zài yījià shàng。

③ 把这几天的日程表给我看看。
bǎ zhèjǐtiān de rìchéngbiǎo gěi wǒ kànkan。

④ 把退税单都拿出来，准备好。
bǎ tuìshuìdān dōu ná chūlái, zhǔnbèi hǎo。

⑤ 把房卡都拿好了，插上房卡房间才能用。
bǎ fángkǎ dōu ná hǎo le, chā shàng fángkǎ fángjiān cái néng yòng。

4. 所以我们免税店不但卖场的售货员汉语说得流利, 而且每层导购的汉语也很过硬。

'不但~, 而且~'는 '~뿐만 아니라, 게다가~하기도 하다. 앞절보다 뒤절의 내용이 더 발전된 내용을 나타낸다. 주어의 위치에 따라 의미도 달라진다.

주어+不但~, 而且~

주어는 A일 뿐만 아니라, 게다가 B이기도 한다.

① 我不但要买保湿的, 而且要保湿时间长的。
wǒ búdàn yào mǎi bǎoshī de, érqiě yào bǎoshī shíjiān cháng de。

② 我们不但去过首尔, 而且去过三, 四次。
wǒmen búdàn qùguo shǒuěr, érqiě qùguo sān, sì cì。

③ 他不但会唱韩国歌儿, 而且唱得非常好。
tā búdàn huì chàng hánguó gēr, érqiě chàngde fēicháng hǎo。

不但+주어1~, 而且+주어2~

주어1 ~A 뿐만 아니라, 그리고 주어2 역시 A하다.

① 不但我们去北京玩儿, 而且孩子们也要去北京玩儿。
búdàn wǒmen qù běijīng wánr, érqiě háizimen yě yào qù běijīng wánr。

② 不但她长得漂亮, 而且她的男朋友长得也很帅。
búdàn tā zhǎng de piàoliàng, érqiě tā de nánpéngyǒu zhǎng de yě hěn shuài。

③ 不但韩国过中秋节, 而且中国也过中秋节。
búdàn hánguó guò zhōngqiūjié, érqiě zhōngguó yě guò zhōngqiūjié。

단어

打起精神	dǎqǐjīngshén	정신을 차리다
诗词歌赋	shīcígēfù	시조
购物平台	gòuwùpíngtái	쇼핑환경
挂	guà	걸다
衣架	yījià	옷 거치대
日程表	rìchéngbiǎo	일정표
插	chā	꽂다, 끼우다

练习

一. 문형 연습

1. 从明天起大家要努力工作。

   从小时候起他就很喜欢中国。

   从现在起学习汉语，还不晚。

   从十年前开始有了智能手机。

   从这个学期开始，每人都要发表。

2. 从一数到一百，知道吗?

   从汉代到清代有很多优秀的文学作品。

   从爽肤水到营养霜一样也不能少。

   从早上忙到晚上，每天都很忙。

   从亚洲到欧洲，他去过很多旅游胜地。

3. 把行李放在大巴里，一起去酒店。

   我们把房间打扫一下儿吧!

   谁把方便面都吃了?

把雨伞带上，今天下午有雨。

先把作业都写完，再看电视。

4. 水果不但便宜，而且种类很多。

她不但会唱歌儿，而且会跳舞。

不但空气不好，而且非常冷。

不但淘宝有，而且京东也有。

不但文科学得好，而且理科也不错。

단어

学期	xuéqī	학기
发表	fābiǎo	발표, 발표하다
汉代	hàndài	한대
清代	qīngdài	청대
优秀	yōuxiù	우수하다
亚洲	yàzhōu	아시아
欧洲	ōuzhōu	유럽
文学作品	wénxuézuòpǐn	문화작품
旅游胜地	lǚyóushèngdì	관광명소
文科	wénkē	문과
理科	lǐkē	이과

二. 괄호 안에 들어간 단어를 보기에서 고르세요.

(按 听说 导购 数 了如指掌 负责 换钱 中国游客 应有尽有 面值 消费习惯)

1. (　　　)你们的培训。

2. 全球大品牌几乎(　　　)。

3. (　　　)机场也有我们的免税店

4. 我们的顾客主要是(　　　)。

5. 每层都有(　　　)?

6. 一定要对产品(　　　), 了解中国人的(　　　)。

7. 请问, 这儿能(　　　)吗?

8. (　　　)今天的汇率, 要人民币六千零九十七块。

9. 怎么给您换? 您要多大(　　　)的?

10. 换好了, 您(　　　)一下儿。

三. 다음 빈칸을 채우세요.

중국어	중국어 발음과 성조	한국어 뜻
		특징
	péi xùn	
指教		
流利		
	cān guān	
		유형
为了		
	zhù yì shì xiàng	
		지점
以便		

四. 다음 한국어 문장을 중국어로 번역해 주세요.

1. 앞으로 잘 부탁드립니다.

2. 나중에 일을 잘 할 수 있도록 판매 상황을 파악하세요.

3. 우리 면세점 본사가 명동에 있습니다.

4. 인천공항 제1터미널과 제2터미널에도 우리 지점이 있다.

5. 중국어를 잘 배워야 한다. 그렇지 않으면 일을 못합니다.

6. 당신 말이 맞습니다.

7. 중국 관광객들이 편하게 쇼핑하기 위해서입니다.

8. 한국 돈으로 바꿔 드릴까요?

9. 얼마나 바꿔 드릴까요?

10. 5만원권 10장과 만원권 50장 주세요.

第五课

在明洞

(명동에서)

面膜	miànmó	얼굴 팩
价格	jiàgé	가격
质量	zhìliàng	품질
商城	shāngchéng	대형 상가. 쇼핑 타운.
街头	jiētóu	길거리
小吃	xiǎochī	간식, 스낵.
炒辣年糕	chǎolàniángāo	떡볶이
遗憾	yíhàn	유감스럽다
鱼板	yúbǎn	어묵
血米肠	xuěmǐcháng	순대
烤鱿鱼	kǎoyóuyú	오징어 구이
糖饼	tángbǐng	호떡
热腾腾	rèténgténg	뜨끈뜨끈
大排档	dàpáidàng	포장마차
实惠	shíhuì	경제적이다

课文 1 购物天堂明洞

中国游客: 对不起，我问您一下儿，这酒店附近有购物的地方吗？
duìbuqǐ, wǒ wèn nín yíxiàr, zhè jiǔdiàn fùjìn yǒu gòuwù de dìfāng ma?

导游: 当然有！你看我们酒店旁边就是明洞。
dāngrányǒu! nǐ kàn wǒmen jiǔdiàn pángbiān jiùshì míngdòng。

中国游客: 就是网上说的购物天堂？
jiùshì wǎngshàng shuō de gòuwù tiāntáng?

导游: 对，你来一趟韩国，不去明洞，那不白来了吗？
duì, nǐ lái yí tàng hánguó, búqù míngdòng, nà bù bái lái le ma?

中国游客: 那儿都是卖化妆品的吧？
nàr dōushì mài huàzhuāngpǐn da ba?

导游: 不是，不仅有化妆品，也有衣服，包儿，鞋，首饰什么的。
búshì, bùjǐn yǒu huàzhuāngpǐn, yě yǒu yīfu, bāor, xié, shǒushi shénmede。

中国游客: 我还是最想买化妆品。买我的和家人的。
wǒ hái shì zuì xiǎng mǎi huàzhuāngpǐn, mǎi wǒde hé jiārénde。

导游: 乐天免税店的总店在明洞，9楼和10楼的化妆品美元定价，有时比专卖店还便宜。
lètiān miǎnshuìdiàn de zǒngdiàn zài míngdòng, jiǔ lóu hé shí lóu de huàzhuāngpǐn měiyuán dìngjià, yǒushí bǐ zhuānmàidiàn hái piányi。

中国游客: 我是第一次来韩国，真不知道去哪儿买！
wǒ shì dìyícì lái hánguó, zhēn bù zhīdào qù nǎr mǎi!

导游: 那我建议你去Olive Young和Aritaum。
nà wǒ jiànyì nǐ qù Olive Young hé Aritaum。

中国游客: 我怕专卖店退税麻烦，还是去大的免税店好一点儿。
wǒ pà zhuānmàidiàn tuìshuì máfán, háishì qù dà de miǎnshuìdiàn hǎo yìdiǎnr。

导游: 那你不用担心，满三万韩币就能退税。
nà nǐ búyòng dānxīn, mǎn sānwàn hánbì jiùnéng tuìshuì。

中国游客: 当场退税吗？不用去机场？
dāngchǎng tuìshuì ma? búyòng qù jīchǎng?

导游: 不仅退税方便，还有很多打折活动和优惠券、代金券。
bùjǐn tuìshuì fāngbiàn, háiyǒu hěnduō dǎzhé huódòng hé yōuhuìquàn、dàijīnquàn。

中国游客: 我还听说韩国的面膜很有名，价格便宜质量又好。
wǒ hái tīngshuō hánguó de miànmó hěn yǒumíng, jiàgé piányi zhìliàng yòu hǎo。

导游: 那你就要去化妆品商城21逛逛了。
nà nǐ jiù yào qù huàzhuāngpǐn shāngchéng èrshíyī guàngguàng le。

中国游客: 谢谢你告诉我这么多！
xièxiènǐ gàosù wǒ zhème duō!

课文 2 明洞街头小吃

酒店职员: 您要是晚上去明洞，一定要尝尝街头小吃。
nín yàoshi wǎnshàng qù míngdòng, yídìng yào chángcháng jiētóu xiǎochī。

中国游客: 是吗？有什么好吃的？
shìma? yǒu shénme hǎochī de?

酒店职员: 可以说韩国的街头小吃都有。
kěyǐ shuō hánguó de jiētóu xiǎochī dōu yǒu。

听说过吧？炒辣年糕。
tīngshuō guo ba? chǎolàniángāo。

中国游客: 很遗憾，我不能吃辣的。
hěn yíhàn, wǒ bùnéng chī là de。

酒店职员: 没关系，卖炒辣年糕的地方，大部分都卖鱼板和血米肠。
méiguānxì, mài chǎolàniángāo de dìfāng, dàbùfèn dōu mài yúbǎn hé xuěmǐcháng。

中国游客: 我朋友说烤鱿鱼和糖饼很好吃！
wǒ péngyǒu shuō kǎoyóuyú hé tángbǐng hěn hǎochī。

酒店职员: 对，现在冬天了，很多人都喜欢吃热腾腾的糖饼。
duì, xiànzài dōngtiān le, hěnduō rén dōu xǐhuān chī rèténgténg de tángbǐng。

酒店职员: 你们几个想吃饭的话，可以去大排档，便宜又实惠。
nǐmen jǐge xiǎng chīfàn dehuà, kěyǐ qù dàpáidàng, piányì yòu shíhuì。

中国游客: 谢谢你。
xièxiè nǐ。

语法

1. 对，你来一趟韩国，不去明洞，那不白来了吗？

'白'은 원래 '희다'의 뜻을 가지고 있고, 동사 앞에서 쓰일 경우는 '헛일하다'의 의미를 나타낸다.

① 不能白学汉语，学了就要用。
bùnéng bái xué hànyǔ, xué le jiù yào yòng。

② 今天白去了，每个月的第二个和第四个星期天休息。
jīntiān bái qù le, měi ge yuè de dì èr ge hé dì sì ge xīngqītiān xiūxī。

③ 我们白买了，他们都在喝咖啡。
wǒmen bái mǎi le, tāmen dōu zài hē kāfēi。

④ 妈妈白做了这么多菜，爸爸晚上有聚会。
māma bái zuò le zhème duō cài, bàba wǎnshàng yǒu jùhuì。

⑤ 白挑了这么长时间，没有我能穿的。
bái tiāo le zhème cháng shíjiān, méiyǒu wǒ néng chuān de。

2. 不是，不仅有化妆品，也有衣服，包儿，鞋，首饰什么的。

'什么的'는 의문대명사가 아니라 '모두'의 의미를 나타낸다. 뒤에 '都'나 '也'와 동반하다. '谁', '哪儿', '多少' 등과 같은 다른 의문대사도 같은 용법으로 사용된다.

① 免税店里，吃的，穿的，用的什么的都有。
miǎnshuìdiàn lǐ, chīde, chuānde, yòngde shénmede dōu yǒu。

② 什么地方都可以去，但'闲人免进'的地方不能去。
shénme dìfāng dōu kěyǐ qù, dàn 'xiánrénmiǎnjìn' de dìfāng bùnéng qù。

③ 谁想参加都可以。
shuí xiǎng cānjiā dōu kěyǐ。

④ 哪儿都能买到这种人参。
nǎr dōu néng mǎi dào zhè zhǒng rénshēn。

⑤ 你有多少朋友都带来吧。
nǐ yǒu duōshǎo péngyǒu dōu dài lái ba。

3. 乐天免税店的总店在明洞，9楼和10楼的化妆品美金定价，有时比专卖店 还便宜。

'比~还~'는 '~보다 더'의 의미를 나타낸다. '还'대신 '更'을 써도 무방하다.

① 在明洞，中国人比韩国人还多。
zài míngdòng, zhōngguórén bǐ hánguórén hái duō。

② 想想就头疼，上海比北京还远。
xiǎngxiǎng jiù tóu téng, shànghǎi bǐ běijīng hái yuǎn。

③ 打折的时候，免税店比专卖店还便宜。
dǎzhé de shíhòu, miǎnshuìdiàn bǐ zhuānmàidiàn hái piányì。

④ 红的比黑的卖得更快。
hóngde bǐ hēide mài de gèng kuài。

⑤ 气垫粉底比普通的粉底更滋润。
qìdiàn fěndǐ bǐ pǔtōng de fěndǐ gèng zīrùn。

4. 我怕专卖店退税麻烦，还是去大的免税店好一点儿。

'一点儿'은 항상 형용사 뒤에 쓰이고, '정도가 심하지 않다'의 의미를 나타낸다. '一'은 종종 생략된다.

① 大(一)点儿的鞋，穿着舒服。
dà (yì)diǎnr de xié, chuān zhē shūfu。

② 快点儿挑吧，我们还要赶飞机。
kuàidiǎnr tiāo ba, wǒmen hái yào gǎn fēijī。

③ 夏天了，亮点儿的颜色，看起来凉快。
xiàtiānle, liàngdiǎnr de yánsè, kàn qǐlái liángkuài。

④ 慢点儿说，我没听清楚您说什么。
màndiǎnr shuō, wǒ méi tīng qīngchǔ nín shuō shénme。

⑤ 早点儿起床，一天的时间就会变长。
zǎodiǎnr qǐchuáng, yìtiān de shíjiān jiù huì biàn cháng。

단어

聚会	jùhuì	모임
闲人免进	xiánrénmiǎnjìn	관계자 외 출입금지
滋润	zīrùn	촉촉하다

练习

一. 문형 연습

1. 白起这么早了，今天不上班。

白去了，一个满意的都没有。

白写了，电脑坏了，都没了。

白看了一上午，都没记住。

白走了这么远，走错路了。

2. 葡萄、草莓、梨什么的我都爱吃。

什么事儿也难不倒他。

谁都想健康长寿。

零下16度，哪儿都别去，呆在家里。

有多少我都买了。

3. 比女生还漂亮的男生。

网上购物的人比实体店还多。

比照片上的更好看。

这个比刚才那个更实用。

妹妹比哥哥更懂事。

4. 感冒了，应该吃点儿药。

客人不多，去外边买点儿吧!

这条裤子长，有没有短点儿的?

早晚温差大，注意点儿身体。

昨天休息了一天，现在好点儿了。

단어

难不倒	nánbùdǎo	어떠한 역경도 이긴다.
健康长寿	jiànkāngchángshòu	건강하고 장수하다.
呆	dāi	머무르다.
实体店	shítǐdiàn	오프라인 매장
照片	zhàopiàn	사진
实用	shíyòng	실용적이다
懂事	dǒngshì	철들다.
温差	wēnchā	온도 차

二. 괄호 안에 들어갈 단어를 보기에서 고르세요.

(退税 很遗憾 建议 旁边 不知道 附近 定价 烤鱿鱼 街头 小吃 听说)

1. 这酒店(　　　　)有购物的地方吗?

2. 你看我们酒店(　　　　)就是明洞。

3. 9楼和10楼的化妆品美元(　　　　)，有时比专卖店还便宜。

4. 我是第一次来韩国，真(　　　　)去哪儿买!

5. 那我(　　　　)你去Olive Young和Aritaum。

6. 那你不用担心，满三万韩币就能(　　　　)。

7. 您要是晚上去明洞，一定要尝尝(　　　　)。

8. (　　　　)过吧? 炒辣年糕。

9. (　　　　)，我不能吃辣的。

10. 我朋友说(　　　　)和糖饼很好吃!

三. 다음 빈칸을 채우세요.

중국어	중국어 발음과 성조	한국어 뜻
		가격
	mǎn	
天堂		
网上		
	yōu huì quàn	
		품질
专卖店		
	dài jīn quàn	
		떡볶이
担心		

四. 다음 한국어 문장을 중국어로 번역해 주세요.

1. 실례하지만, 좀 여쭤보겠습니다.

2. 거기가 다 화장품을 판매하는 데가 맞나요?

3. 화장품뿐만 아니라 의류, 가방, 신발, 액세서리 다 있습니다.

4. 세금을 당장 돌려받을 수 있나요? 공항에 가지 않아도 됩니까?

5. 중국어를 잘 배워야 합니다. 그렇지 않으면 일을 못합니다.

6. 할인 행사가 많고 할인권도 많이 있습니다.

7. 많이 알려주셔서 너무 감사합니다.

8. 어떤 맛있는 것이 있습니까?

9. 떡볶이를 파는데 대부분 어묵과 순대도 판매합니다.

10. 식사하시려면 포장마차에 가셔도 좋습니다. 싸고 실속이 있습니다.

第六课

在东大门

(동대문에서)

第六课 在东大门(동대문에서)

新单词

地铁图	dìtiětú	지하철 노선도
站	zhàn	정거장. 역
左右	zuǒyòu	정도
物美价廉	wùměijiàlián	물건도 좋고, 값도 싸다.
批发	pīfā	도매(하다)
营业	yíngyè	영업(하다)
清晨	qīngchén	새벽. 이른 아침.
商场	shāngchǎng	쇼핑몰
柜台	guìtái	카운터
试穿	shìchuān	입어 보다.
衬衫	chènshān	블라우스, 셔츠
试衣间	shìyījiān	탈의실
紧	jǐn	꽉 끼다.
平时	píngshí	평소
进去	jìnqù	들어가다
样子	yàngzi	모양, 스타일
过时	guòshí	유행이 지나다

外套	wàitào	외투
里边儿	lǐbiānr	안쪽
单穿	dānchuān	한 벌만 입다.
凉了	liángle	시원해졌다.
以后	yǐhòu	~후에
裤子	kùzi	바지
西裤	xīkù	정장 바지
休闲裤	xiūxián kù	캐주얼 바지
丝巾	sījīn	실크 스카프
绝配	juépèi	제격이다
洗衣机	xǐyījī	세탁기
机洗	jīxǐ	세탁기로 세탁하다
手洗	shǒuxǐ	손빨래를 하다
丝织品	sīzhīpǐn	실크 제품
其实	qíshí	실제로, 사실은
出厂	chūchǎng	제품 출하하다
检查	jiǎnchá	검사하다
严格	yángé	엄격하다

课文 1 东大门怎么走?

中国游客: 请问，我想去东大门购物，应该怎么去呢?
qǐngwèn, wǒ xiǎng qù dōngdàmén gòuwù, yīnggāi zěnme qù ne?

韩国网友: 您有首尔的地铁图吗? 只要三站。
nín yǒu shǒu'ěr de dìtiětú ma? zhǐ yào sān zhàn。

中国游客: 有是有，但是我不知道怎么坐地铁。
yǒushìyǒu, dànshì wǒ bù zhīdào zěnme zuò dìtiě。

韩国网友: 那您也可以坐出租车去。
nà nín yě kěyǐ zuò chūzūchē qù。

中国游客: 坐出租车贵不贵，需要多少钱?
zuò chūzūchē guì bu guì, xūyào duōshǎo qián?

韩国网友: 不贵，韩币四千左右。
búguì, hánbì sì qiān zuǒyòu。

中国游客: 我想知道那儿都卖什么。
wǒ xiǎng zhīdào nàr dōu mài shénme。

韩国网友: 东大门的衣服，鞋帽物美价廉。
dōngdàmén de yīfu, xiémào wùměijiàlián。

中国游客: 我听说批发街从晚上营业到清晨。
wǒ tīngshuō pīfā jiē cóng wǎnshàng yíngyè dào qīngchén。

韩国网友: 对，所以我们叫它购物不夜城。
duì, suǒyǐ wǒmen jiào tā gòuwù búyèchéng。

中国游客: 那有什么推荐的购物地点吗?
nà yǒu shénme tuījiàn de gòuwù dìdiǎn ma?

韩国网友: 您可以去doota看看，那是东大门最大，最有人气的服饰商场。
nín kěyǐ qù doota kànkàn, nà shì dōngdàmén zuì dà, zuì yǒu rénqì de fúshì shāngchǎng。

中国游客: 那儿能退税吗?
nàr néng tuìshuì ma?

韩国网友: 退税柜台在地下二层和地上五层，那儿还能换钱呢!
tuìshuì guìtái zài dìxià èr céng hé dìshàng wǔ céng, nàr hái néng huànqián ne!

中国游客: 谢谢你。
xièxiè nǐ。

课文 2

售货员： 请进来随便看一下儿。
qǐng jìnlái suíbiàn kàn yíxiàr。

售货员： 喜欢的话，可以试穿一下儿。
xǐhuān dehuà，kěyǐ shì chuān yíxiàr。

顾客： 我想试试这件女式衬衫。
wǒ xiǎng shìshì zhè jiàn nǚshì chènshān。

售货员： 试衣间在那边儿。
shìyījiān zài nà biānr。

售货员： 看上去有点儿紧，您平时穿多大的？
kànshàngqù yǒudiǎnr jǐn，nín píngshí chuān duōdà de？

顾客： 我穿大号的。
wǒ chuān dàhào de。

售货员： 怪不得紧呢，这是中号的。
guàibudé jǐn ne，zhè shì zhōnghào de。

售货员： 给您，这是大号的，请再进去试试。
gěinín，zhè shì dàhào de，qǐng zài jìnqù shìshì。

顾客： 样子还不错，就是颜色深了点儿。
yàngzi hái búcuò，jiùshì yánsè shēn le diǎnr。

售货员： 那您试试米色的， 虽然不是流行色， 但是也不容易过时。
nà nín shìshi mǐsè de，suīrán búshì liúxíngsè，dànshì yě bù róngyì guòshí。

顾客: 这个只能穿在外套里边儿吗?
zhège zhǐ néng chuān zài wàitào lǐbiānr ma?

售货员: 现在单穿，天气凉了以后，加件风衣再好不过了。
xiànzài dān chuān, tiānqì liáng le yǐhòu, jiā jiàn fēngyī zài hǎo bú guò le。

顾客: 配什么裤子呢?
pèi shénme kùzi ne?

售货员: 西裤可以，休闲裤也可以。
xīkù kěyǐ, xiūxián kù yě kěyǐ。

售货员: 对了，您看看这条丝巾怎么样?
duìle, nín kànkan zhè tiáo sījīn zěnmeyàng?

售货员: 和这个衬衫是绝配，显得您的气质特别好。
hé zhè ge chènshān shì juépèi, xiǎnde nín de qìzhì tèbié hǎo。

顾客: 这个能用洗衣机洗吗?
zhè ge néng yòng xǐyījī xǐ ma?

售货员: 机洗可以是可以，但还是手洗比较好。
jī xǐ kěyǐ shì kěyǐ, dàn háishì shǒu xǐ bǐjiào hǎo。

售货员: 对了，您再好好儿看看，丝织品不能退换。
duìle, nín zài hǎohǎor kànkan, sīzhīpǐn bùnéngtuìhuàn。

顾客: 我还真不知道。
wǒ hái zhēn bù zhīdào。

售货员: 没关系，其实出厂前检查好几遍，很严格的。
méiguānxì, qíshí chūchǎng qián jiǎnchá hǎo jǐ biàn, hěn yángé de。

顾客: 好的，衬衫和丝巾我都要了。
hǎo de, chènshān hé sījīn wǒ dōu yào le。

语法

1. 有是有，但是我不知道怎么坐地铁。

'A是A, 但是~'는 '~기는 한데, ~' 전환의미를 나타낸다.

① 好看是好看，但是太瘦了，我穿不了。
hǎokàn shì hǎokàn, dànshì tài shòu le, wǒ chuān bù liǎo。

② 好吃是好吃，但是太辣了，外国人不习惯。
hǎochī shì hǎochī, dànshì tài là le, wàiguó rén bù xíguàn。

③ 景色好是好，但是人太多了，光看人了。
jǐngsè hǎo shì hǎo, dànshì rén tài duō le, guāng kàn rén le。

④ 舒服是舒服，但是太贵了，买不起。
shūfu shì shūfu, dànshì tài guì le, mǎibuqǐ。

⑤ 想买是想买，但是没有钱，以后再说吧!
xiǎng mǎi shì xiǎng mǎi, dànshì méiyǒu qián, yǐhòuzàishuō ba。

2. 怪不得紧呢，这是中号的。

'怪不得'은 처음에 이상하다고 생각되었던 일들이 원인을 알고 나니 더 이상 이상하다고 생각하지 않음을 나타낸다. '原来'하고 자주 같이 쓰인다.

① 怪不得你听不懂，原来你是中国人!
guàibudé nǐ tīngbùdǒng, yuánlái nǐ shì zhōngguórén。

② 怪不得你的皮肤这么好，一直用好化妆品。
guàibudé nǐ de pífū zhème hǎo, yìzhí yòng hǎo huàzhuāngpǐn。

③ 怪不得天气闷热，原来要下雨啊！
guàibudé tiānqì zhème mēnrè, yuánlái yào xiàyǔ a!

④ 怪不得你不知道，没人告诉过你。
guàibudé nǐ bùzhīdào, méirén gàosù guo nǐ。

⑤ 怪不得你找不到，原来你第一次来这儿。
guàibudé nǐ zhǎobudào, yuánlái nǐ dìyícì lái zhèr。

3. 那您试试米色的，虽然不是流行色，但是也不容易过时。

‘虽然~, 但是~’는 ‘비록 ~하지만~’의 전환의미를 나타낸다.

① 虽然有点儿紧，但是穿着很舒服。
suīrán yǒudiǎnr jǐn, dànshì chuānzhe hěn shūfu。

② 虽然不太厚，但是很保暖。
suīrán bútài hòu, dànshì hěn bǎonuǎn。

③ 虽然样子很特别，但是一点儿都不贵。
suīrán yàngzi hěn tèbié, dànshì yìdiǎnr dōu bú guì。

④ 虽然每天都要抹，但是很快就能见效。
suīrán měitiān dōu yào mǒ, dànshì hěnkuài jiù néng jiànxiào。

⑤ 虽然不是很远，但是路很复杂。
suīrán búshì hěnruǎn, dànshì lù hěn fùzá。

4. 现在单穿，天气凉了以后，加件风衣再好不过了。

‘再好不过了’ ‘더 없이 좋다’의 의미를 나타낸다.

① 你给我们当导游，再好不过了。
nǐ gěi wǒmen dāng dǎoyóu, zài hǎo búguò le。

② 免费参观，再好不过了。
miǎnfèi cānguān, zài hǎo búguò le。

③ 可以吃中餐，再好不过了。
kěyǐ chī zhōngcān, zài hǎo búguò le。

④ 一站到机场，再好不过了。
yí zhàn dào jīchǎng, zài hǎo bú guò le。

⑤ 支付宝也能用，再好不过了。
zhīfùbǎo yě néng yòng, zài hǎo búguò le。

5. 西裤可以，休闲裤也可以。

'~可以，~也可以。' '~가능하고, ~도 가능하다'의 의미를 나타낸다.

① 说汉语可以，说英语也可以。
shuō hànyǔ kěyǐ, shuō yīngyǔ yě kěyǐ。

② 穿西装可以，穿休闲装也可以。
chuān xīzhuāng kěyǐ, chuān xiūxiánfú yě kěyǐ。

③ 回家等消息可以，在这儿等电话也可以。
huíjiā děng xiāoxi kěyǐ, zài zhèr děng diànhuà yě kěyǐ。

④ 喝红茶可以，喝绿茶也可以。
hē hóngchá kěyǐ, hē lǜchá yě kěyǐ。

⑤ 会员可以，非会员也可以。
huìyuán kěyǐ, fēi huìyuán yě kěyǐ。

단어

瘦	shòu	마르다, 작다.
习惯	xíguàn	습관, 익숙해지다
光	guāng	~만
买不起	mǎibuqǐ	살 수 없다.
以后再说	yǐhòuzàishuō	나중에 얘기하자
闷热	mēnrè	무덥다
保暖	bǎonuǎn	보온하다.
见效	jiànxiào	효과가 나타나다.
复杂	fùzá	복잡하다
消息	xiāoxi	소식

练习

一. 문형 연습

1. 中国菜好吃是好吃，但是油太多。

   聪明是聪明，但是不努力。

   质量好是好，就是太贵了。

   贵是贵，不过能用很长时间。

   慢是慢，但是我还是没听懂。

2. 怪不得这么苗条，你不吃晚饭啊！

   怪不得空气这么不好，又是雾霾天气。

   怪不得客人这么多，原来是化妆品店。

   怪不得中国人喜欢扫货，免税店的东西确实很好。

   怪不得大家喜欢在这儿吃饭，老板热情又周到。

3. 虽然很有才华，但是很谦虚。

   虽然看上去很活泼，但是她内心很文静。

   虽然饼干味道好，但是容易胖。

虽然是新员工，但是她眼急手快。

虽然是名牌儿，但是价格不是很高。

4. 喜欢大自然，住在乡下，再好不过了。

无聊，打发时间，视频，再好不过了。

洗完澡，喝杯啤酒，再好不过了。

冬天，吃炖菜，再好不过了。

学外语，交外国朋友，再好不过了。

5. 单穿也可以，套穿也可以。

一个人来可以，和爱人一起来也可以。

双人间可以，标准间也可以。

中式可以，西式也可以。

大人可以，孩子也可以。

二. 괄호 안에 들어갈 단어를 보기에서 고르세요.

(物美价廉 女式衬衫 洗衣机 出租车 气质 服饰商场 地铁图 试衣间 手洗 丝织品)

1. 您有首尔的(　　　　)吗?
2. 坐(　　　　)贵不贵，需要多少钱?
3. 东大门的衣服，鞋帽(　　　　)。
4. 您可以去doota看看，那是东大门最大，最有人气的(　　　　)。
5. 我想试试这件(　　　　)。
6. (　　　　)在那边儿。
7. 显得您的(　　　　)特别好。
8. 这个能用(　　　　)洗吗?
9. 机洗可以是可以，但还是(　　　　)比较好。
10. 您再好好儿看看，(　　　　)不能退换。

단어

苗条	miáotiao	날씬하다
雾霾	wùmái	스모그
扫货	sǎohuò	싹쓸이 쇼핑
才华	cáihuá	뛰어난 재능
谦虚	qiānxū	겸손하다
活波	huóbō	활발하다
内心	nèixīn	내심
文静	wénjìng	얌전하다
饼干	bǐnggān	과자
眼急手快	yǎnjíshǒukuài	손발 빠르다
视频	shìpín	동영상
炖菜	dùncài	조림 요리
双人间	shuāngrénjiān	트윈룸
标准间	biāozhǔnjiān	일반실

三. 다음 빈칸을 채우세요.

중국어	중국어 발음과 성조	한국어 뜻
		탈의실
	pī fā jiē	
不夜城		
营业		
	sī jīn	
		유형이 지나다
柜台		
	fēng yī	
		블라우스
绝配		

四. 다음 한국어 문장을 중국어로 번역해 주세요.

1. 듣자하니, 동대문 시장 밤새도록 영업을 합니다.

2. 추천할 만한 쇼핑 장소가 있습니까?

3. 마음에 드신 것 있으시면 입어 봐도 됩니다.

4. 평소에 어떤 사이즈 입으세요?

5. 색깔이 좀 짙은데요!

6. 이것은 꼭 외투 안에 입어야 됩니까?

7. 이 스카프 어때요?

8. 저 정말 몰랐습니다.

9. 공장에서 꼼꼼하게 검수해서 나오니까 문제가 없습니다.

10. 블라우스와 스카프 다 주십시오.

第七课

基础护肤品

(기초화장품)

第七课 基础护肤品(기초화장품)

新单词

合适	héshì	적합하다, 알맞다
基础护肤品	jīchǔ hùfūpǐn	기초화장품
皮肤	pífū	피부
干燥	gānzào	건조하다
皱纹	zòufén	주름, 구김
保湿	bǎoshī	보습, 보습이 되다
除皱	chúzòu	주름을 없애다
精华液	jīnghuáyè	에센스
巧斑	qiǎobān	기미
祛斑	qùbān	기미를 없애다
收缩	shōusuō	수축하다
毛孔	máokǒng	모공
保质期	bǎozhìqī	유통기한
打开	dǎkāi	열다, 개봉하다
别的	biéde	다른 것
防晒霜	fángshàishuāng	썬 크림
防止	fángzhǐ	방지. 막다

老化	lǎohuà	노화
重要	zhòngyào	중요하다
小样	xiǎoyàng	견본
BB霜	bìbìshuāng	BB 크림
气垫粉底	qìdiànfěndǐ	에어쿠션
新产品	xīnchǎnpǐn	신제품
油	yóu	기름, 기름지다, 번들거리다
清爽	qīngshuǎng	가뿐하다, 상쾌하다
含有	hányǒu	함유하다
滋润	zīrùn	촉촉하다
遮盖	zhēgài	덮다, 가리다
粉饼	fěngbǐng	파우더 팩트
珠光	zhūguāng	펄
艳丽	yànlì	화사하다, 화려하다
光泽	guāngzé	윤기
总额	zǒng'é	총액
超过	chāoguò	초과하다
赠品	zèngpǐn	증정품
热情	rèqíng	열정, 열정적이다, 친절하다
周到	zhōudào	세심하다, 꼼꼼하다, 빈틈이 없다.

课文 1 护肤品套装

售货员: 您好，欢迎光临!
nínhǎo, huānyíngguānglín!

顾客: 我想买套护肤品，但不知道哪种合适。
wǒ xiǎng mǎi tào hùfūpǐn, dàn bù zhīdào nǎ zhǒng héshì。

售货员: 您自己用还是送人?
nín zìjǐ yòng háishì sòngrén?

顾客: 我自己用。
wǒ zìjǐ yòng。

售货员: 您试试这个，这是我们卖场卖得最好的。
nín shìshi zhè ge, zhè shì wǒmen màichǎng mài de zuìhǎo de。

顾客: 我的皮肤有点儿干，还有皱纹。
wǒ de pífū yǒudiǎnr gān, háiyǒu zhòuwén。

售货员: 那我建议你买这个。既保湿又除皱。
nà wǒ jiànyì nǐ mǎi zhège, jì bǎoshī yòu chúzhòu。

顾客: 精华液哪种好？我巧斑多。
jīnghuáyè nǎ zhǒng hǎo? wǒ qiǎobān duō。

售货员: 这个不但祛斑，而且能收缩毛孔。
zhè ge búdàn qùbān, érqiě néng shōusuō máokǒng。

顾客: 这是什么?
zhè shì shénme?

售货员: 这是晚霜，和精华液是一套。一起用的话，效果更好。
zhè shì wǎnshuāng, hé jīnghuáyè shì yí tào。yìqǐ yòng dehuà, xiàoguǒ gèng hǎo。

顾客: 那就来两套吧。保质期呢？
nà jiù lái liǎng tào ba。bǎozhìqī ne?

售货员: 不打开的话三年，打开最好半年用完。
bù dǎkāi dehuà sān nián, dǎkāi zuì hǎo bàn nián yòngwán。

售货员: 您还要别的吗？
nín háiyào biéde ma?

顾客: 我还想买防晒霜，听说韩国人都用。
wǒ hái xiǎng mǎi fángshàishuāng, tīngshuō hánguórén dōu yòng。

售货员: 对，防晒霜要一年三百六十五日都用，才能防止皮肤老化。
duì, fángshàishuāng yào yì nián sān bǎi liù shí wǔ rì dōu yòng, cái néng fángzhǐ pífū lǎohuà。

顾客: 看来真的很重要。
kànlái zhēn de hěn zhòngyào。

售货员: 这是给您的小样，请收好。
zhè shì gěi nín de xiǎoyàng, qǐng shōu hǎo。

售货员: 这边儿结帐，请出示护照和登机牌。
zhè biānr jiézhàng, qǐng chūshì hùzhào hé dēngjīpái。

售货员: 您用现金还是信用卡？
nín yòng xiànjīn háishì xìnyòngkǎ?

顾客: 我用支付宝，可以吗？
wǒ yòng zhīfùbǎo, kěyǐ ma?

售货员: 当然可以。现金，信用卡，支付宝都可以。
dāngrán kěyǐ。xiànjīn, xìnyòngkǎ, zhīfùbǎo dōu kěyǐ。

售货员: 这是收据，请拿好。欢迎下次再来。
zhè shì shōujù, qǐng ná hǎo。 huānyíng xiàcì zàilái。

课文 2 BB霜、气垫粉底、面膜

售货员: 欢迎光临，随便看一下儿。
huānyíng guānglín, suíbiàn kàn yíxiàr.

售货员: 对不起，人太多，让您久等了。
duìbuqǐ, rén tài duō, ràng nín jiǔ děng le。

顾客: 我想看看BB霜和气垫粉底。
wǒ xiǎng kànkan bìbìshuāng hé qìdiàn fěndǐ。

售货员: 这是新产品，您试试。
zhè shì xīn chǎnpǐn, nín shìshi。

顾客: 我不太化妆，你帮我选选。
wǒ bútài huàzhuāng, nǐ bāng wǒ xuǎnxuǎn。

售货员: 这个BB霜，不油，很清爽。
zhège bìbishuāng, bù yóu, hěn qīngshuǎng。

这个气垫粉底含有精华液，滋润皮肤。
zhège qìdiàn fěndǐ hányǒu jīnghuáyè, zīrùn pífū。

顾客: 我的皮肤黑，还有雀斑，哪种适合呢?
wǒde pífū hēi, háiyǒu quèbān, nǎ zhǒng shìhé ne?

售货员: 那用粉底液吧。遮盖效果很好。
nà yòng fěndǐyè ba。zhēgài xiàoguǒ hěn hǎo。

售货员: 这是二十三号，应该适合您的皮肤。
zhèshì èrshísān hào, yīnggāi shìhé nín de pífū。

顾客: 有没有好点儿的粉饼?
yǒu méiyǒu hǎodiǎnr de fěngbǐng?

售货员: 这个有珠光的，皮肤显得艳丽，有光泽。
zhè ge yǒu zhūguāngde, pífū xiǎnde yànlì, yǒu guāngzé。

顾客: 那就给我拿两个吧。
nà jiù gěi wǒ ná liǎng ge ba。

售货员: 我们面膜正在搞活动，买一送一，您要不要看一下儿？
wǒmen miànmó zhèngzài gǎo huódòng, mǎiyīsòngyī, nín yàobuyào kàn yíxiàr?

顾客: 我还真想买面膜。
wǒ hái zhēn xiǎng mǎi miànmó。

售货员: 来这边看看，这都是。美白的、保湿的、除皱的都有。
lái zhèbiān kànkan, zhè dōushì, měibáide, bǎoshīde, chúzhòude dōuyǒu。

顾客: 能天天贴吗？
néng tiāntiān tiē ma?

售货员: 那最好了。您没听说过吗？明星们都是一天一贴。
nà zuì hǎo le。nǐ méi tīng shuōguo ma? míngxīngmen dōushì yìtiān yìtiē。

顾客: 那就多给我拿几包吧。
nà jiù duō gěi wǒ ná jǐ bāo ba。

售货员: 这一包里面有十贴，营养的、保湿的、除皱的、美白的，一样两包。
zhè yì bāo lǐ yǒu shí tiē, yíngyǎngde, bǎoshīde, chúzhòude, měibáide, yíyàng liǎng bāo。

行吗？
xíng ma?

顾客: 好的。一起结帐吧！
hǎo de。yìqǐ jiézhàng ba!

售货员: 请跟我来。总额超过了十万韩币，有赠品。
qǐng gēn wǒ lái。zǒng'é chāoguòle shíwàn hánbì，yǒu zèngpǐn。

顾客: 谢谢你，这么热情周到。
xièxièni，zhème rèqíngzhōudào。

语法

1. 我的皮肤有点儿干，还有皱纹。

'有(一)点儿'는 형용사 앞에 위치하고 '약간', '조금', '정도가 심하지 않다.'의 의미를 나타낸다. 화자가 마음에 들지 않을 경우에 사용된다. '一'는 종종 생략되기도 한다.

① 这个有点儿贵，有没有便宜的?
zhège yǒudiǎnr guì, yǒuméiyǒu piányide?

② 颜色有点儿不太好，我想买红的。
yánsè yǒudiǎnr bú tài hǎo, wǒ xiǎng mǎi hóngde。

③ 水有点儿凉，给我们拿热的来吧!
shuǐ yǒudiǎnr liáng, gěi wǒmen ná rède lái ba!

④ 坐公交有点儿慢，坐出租车去吧!
zuò gōngjiāo yǒudiǎnr màn, zuò chūzūchē qù ba!

⑤ 我的房间靠大街，有点儿吵，能不能换个房间?
wǒ de fángjiān kào dàjiē, yǒudiǎnr chǎo, néngbunéng huàn ge fángjiān?

2. 那我建议你买这个。既保湿又除皱。

'既~又~': '~하기도 하고 ~하기도 하다'라는 의미를 나타낸다.

동시에 두 가지의 성질이나 상황을 지니고 있다. 앞절과 뒤절의 구조가 거의 같다.

① 去广州，既可以购物，又可以享受美食。
qù guǎngzhōu, jì kěyǐ gòuwù, yòu kěyǐ xiǎngshòu měishí。

② 黑的即耐脏，又实用，我建议您买黑的。
hēide jì nài zāng, yòu shíyòng, wǒ jiànyì nín mǎi hēide。

③ 这个即能早上用，又能晚上用，效果很好。
zhège jì néng zǎoshàng yòng, yòu néng wǎnshàng yòng xiàoguǒ hěn hǎo。

④ 期末了，既要努力学习，又要注意身体。
qīmò le, jì yào nǔlì xuéxí, yòu yào zhùyì shēntǐ。

⑤ 既能说汉语，又能说英语，就要你了。
jì néng shuō hànyǔ, yòu néng shuō yīngyǔ, jiù yào nǐ le。

3. 不打开的话，三年，打开最好半年用没。

'~的话': 앞 절에 쓰여 일종 가설을 제시하고 뒤 절에서 그러한 상황에서 일어날 수 있는 일을 설명한다. 앞 절에 '如果'이나'要是' 하고 뒤 절에 '就', '那', '那么' 등 단어와 호응한다.

① 要是下雨的话，那我们只能呆在宾馆里了。
yàoshì xiàyǔ dehuà, nà wǒmen zhǐ néng dāi zài bīnguǎn lǐ le。

② 如果我买的话，就买黑的，不容易过时。
rúguǒ wǒ mǎi dehuà, jiù mǎi hēide, bù róngyì guòshí。

③ 要是我们早点儿来，就能看到演出了。
yàoshì wǒmen zǎodiǎnr lái, jiù néng kàn dào yǎnchū le。

④ 如果您不满意的话，就拿发票来退换。
rúguǒ nín bù mǎnyì dehuà, jiù ná fāpiào lái tuìhuàn。

⑤ 要是快点出来的话，那我们能多逛一会儿。
yàoshì kuàidiǎn chūlái dehuà, nà wǒmen néng duō guàng yíhuìr。

4. 对不起，人太多，让您久等了。

'让'은 '~하게 하다, ~하도록 하다' 의 의미를 나타낸다.

① 让我帮您看看制造日期。
ràng wǒ bāng nín kànkan zhìzàorìqī。

② 老师让我们在教室里自习。
lǎoshī ràng wǒmen zài jiàoshì lǐ zìxí。

③ 皮肤让太阳晒黑了。
pífū ràng tàiyáng shài hēi le。

④ 手机让师傅修好了。
shǒujī ràng shīfù xiū hǎo le。

⑤ 让我们一起干杯吧。
ràng wǒmen yìqǐ gānbēi ba。

5. 我不太喜欢化妆，你帮我选选。

'不太'는 동사나 형용사 앞에 쓰이고, '별로~지 않다'의 의미를 나타낸다.

① 这个我不太喜欢，帮我换一个吧。
zhè ge wǒ bútài xǐhuān, bāng wǒ huàn yíge ba。

② 21号不太适合皮肤黑的人，应该买23号。
èrshíyī hào bútài shìhé pífū hēi de rén, yīnggāi mǎi èrshísān hào。

③ 免税店的衣服不太贵，多买几件吧。
miǎnshuìdiàn de yīfu bútài guì, duō mǎi jǐ jiàn ba。

④ 今天天气不太热，我们可以四处走走。
jīntiān tiānqì bútài rè, wǒmen kěyǐ sìchù zǒuzǒu。

⑤ 韩国的人口不太多，但各方面发展得很快。
hánguó de rénkǒu bútài duō, dàn gèfāngmiàn fāzhǎn de hěn kuài。

단어

大街	dàjiē	큰 대로
享受	xiǎngshòu	누리다
演出	yǎnchū	공연
满意	mǎnyì	만족하다
自习	zìxí	자습하다
制造日期	zhìzàorìqī	제조날짜
晒	shài	햇볕을 쬐다
四处	sìchù	사방, 여러 곳
各方面	gèfāngmiàn	여러 면에서
发展	fāzhǎn	발전하다

练习

一. 문형 연습

1. 他做事儿很快，但有点儿马虎。

   她的态度有点儿反常。

   刚进公司，业务有点儿吃力。

   还没发工资，手里有点儿紧。

   这菜有点儿淡，再放点儿盐。

2. 一起工作，既要有分工，又要有合作。

   教育孩子，既要有爱心，又要有耐心。

   骑自行车，既节约能源，又能保护环境。

   搬进了新家，既温暖又舒适。

   钱存在银行，既保险又可获利。

3. 你不帮我的话，我就真没办法了。

   天气好的话，我们就去爬山吧！

努力的话，就会有希望。

不合口味的话，我们吃别的吧!

有时间的话，我想去一趟釜山。

4. 让我看看照片，就知道卖场有没有。

让每位顾客满意，是我们的工作。

孩子考大学，让妈妈很紧张。

等一下儿，让汉语好的职员来帮您。

运动让人更年轻，更有活力。

5. 最近几年，冬天不太冷。

我不太习惯坐在地上吃饭。

他们不太喜欢吃辣的。

这么晚打电话，不太合适。

孩子小的时候都不太听话。

단어

马虎	mǎhu	건성건성하다
反常	fǎncháng	비정상적이다
业务	yèwù	업무
吃力	chīlì	힘들다
工资	gōngzī	월급
盐	yán	소금
分工	fēngōng	분담하다
合作	hézuò	협력하다
耐心	nàixīn	인내심
节约	jiéyuē	절약하다
能源	néngyuán	에너지
保险	bǎoxiǎn	안전하다 보험
获利	huòlì	이익을 얻다.

二. 괄호 안에 들어간 단어를 보기에서 고르세요.

(精华液 效果 搞活动 合适 赠品 用完 遮盖 小样 收缩毛孔 防晒霜)

1. 我想买套护肤品，但不知道哪种(　　　　)。

2. 这个不但祛斑，而且能(　　　　)。

3. 一起用的话，(　　　　)更好。

4. 不打开的话三年，打开最好半年(　　　　)。

5. (　　　　)要一年三百六十五日都用，才能防止皮肤老化。

6. 这是给您的(　　　　)，请收好。

7. 这个气垫粉底含有(　　　　)，滋润皮肤。

8. 那用粉底液吧。(　　　　)效果很好。

9. 我们面膜正在(　　　　)，买一送一，您要不要看一下儿?

10. 总额超过了十万韩币，有(　　　　)。

三. 다음 빈칸을 채우세요.

중국어	중국어 발음과 성조	한국어 뜻
		유통기한
	xiǎo yàng	
防止		
新产品		
	qì diàn fěn dǐ	
		촉촉하다
珠光		
	yàn lì	
		BB 크림
光泽		

四. 다음 한국어 문장을 중국어로 번역해 주세요.

1. 이것은 우리 매장에서 제일 잘 팔리는 제품입니다.

2. 어떤 에센스가 좋습니까? 제가 기미 좀 많습니다.

3. 이것은 에센스랑 한 세트입니다.

4. 필요한 것이 또 있으신가요?

5. 정말 중요한 것 같습니다.

6. 오래 기다리게 해서 죄송합니다.

7. 이것은 신제품입니다. 테스트 한번 해 보세요.

8. 미백, 보습, 주름 제거하는 팩이 다 있습니다.

9. 유명한 스타들이 다 1일 1팩을 합니다.

10. 같이 계산해 주세요.

第八课

彩妆
(색조화장품)

第八课 彩妆(색조화장품)

新单词

迪奥	Dí'ào	디오르
彩妆	cǎizhuāng	색조 메이크업
说明	shuōmíng	설명, 설명하다
眉笔	méibǐ	아이 브로 펜슬
眼影	yǎnyǐng	아이 섀도
睫毛膏	jiémáogāo	마스카라
眼线笔	yǎnxiànbǐ	아이 라이너
腮红	sāihóng	볼 터치
唇彩	chúncǎi	립글로스
比较	bǐjiào	비교, 비교적, 비교하다
自然	zìrán	자연, 자연스럽다
套装	tàozhuāng	세트
光感	guānggǎn	반짝거리다
闪耀	shǎnyào	반짝이며 빛나다.
卷翘	juǎnqiào	말이며 올리다.
浓密	nóngmì	풍성하다
拉长	lācháng	연장하다, 길게 늘이다
防水	fángshuǐ	방수하다

功能	gōngnéng	기능
根根	gēngēn	한 올 한 올
分明	fēnmíng	뚜렷하다
富含	fùhán	다량 함유하다.
精油	jīngyóu	화장품오일
嘴唇	zuǐchún	입술
丰盈	fēngyíng	풍만하다
水润	shuǐrùn	물광
眉毛膏	méimáogāo	브라운카라
斜面	xiémiàn	경사면
笔尖	bǐjiān	펜촉
画	huà	그리다
卸妆	xièzhuāng	화장을 지우다
卸妆油	xièzhuāngyóu	클렌징오일
洗面奶	xǐmiànnǎi	클렌징 폼
活力	huólì	활력. 생기
质感	zhìgǎn	질감
清新	qīngxīn	상큼하다
会员	huìyuán	회원
申请	shēnqǐng	신청하다
全球	quánqiú	전 세계
通用	tōngyòng	통용하다
官方网站	guānfāng wǎngzhàn	공식 사이트
填写	tiánxiě	써넣다. 기입하다.
信息	xìnxī	정보

课文

售货员: 欢迎光临迪奥卖场。
huānyíng guānglín dí'ào màichǎng。

售货员: 有什么能帮您的吗?
yǒu shénme néng bāng nín de ma?

顾客: 我想买彩妆化妆品。
wǒ xiǎng mǎi cǎizhuāng huàzhuāngpǐn。

售货员: 请跟我来。
qǐng gēn wǒ lái。

售货员: 您需要说明吗?
nín xūyào shuōmíng ma?

顾客: 我平时不太化妆, 你给我介绍介绍。
wǒ píngshí bú tài huàzhuāng, nǐ gěi wǒ jièshàojièshào。

售货员: 眉笔、眼影、睫毛膏、眼线笔、腮红、唇彩什么的都有。
méibǐ、yǎnyǐng、jiémáogāo、yǎnxiànbǐ, sāihóng, chúncǎi shénmede dōu yǒu。

顾客: 我想买比较自然点儿的眼影套装。
wǒ xiǎng mǎi bǐjiào zìrándiǎnr de yǎnyǐng tàozhuāng。

售货员: 这是迪奥五色眼影, 光感闪耀。
zhè shì dí'ào wǔ sè yǎnyǐng, guānggǎn shǎnyào。

顾客: 睫毛膏在哪儿?
jiémáogāo zàinǎr?

售货员: 这是迪奥睫毛膏。有自然卷翘的、浓密卷翘的，还有拉长的。
zhè shì dí'ào jiémáogāo。yǒu zìrán juǎnqiào de, nóngmì juǎnqiào de, háiyǒu lācháng de。

您需要哪种?
nín xūyào nǎ zhǒng?

顾客: 我想要拉长的，最好有防水功能。
wǒ xiǎng yào lā cháng de, zuìhǎo yǒu fángshuǐ gōngnéng。

售货员: 这是防水睫毛膏。睫毛看起来根根分明，卷翘美丽。
zhè shì fángshuǐ jiémáogāo。jiémáo kànqǐlái gēngēn fēnmíng, juǎnqiào měilì。

顾客: 唇彩的颜色很多啊!
chúncǎi de yánsè hěn duō a!

售货员: 迪奥的唇彩富含滋养精油，让嘴唇丰盈水润。
dí'ào de chúncǎi fùhán zīyǎng jīngyóu, ràng zuǐchún fēngyíng shuǐrùn。

顾客: 黑色的眉笔和眼线笔一样来一支。
hēisède méibǐ hé yǎnxiànbǐ yíyàng lái yìzhī。

售货员: 不仅有眉笔，还有眉毛膏。这个棕色的很不错。
bùjǐn yǒu méibǐ, háiyǒu méimáogāo。zhège zōngsède hěn búcuò。

顾客: 眉毛膏是什么? 我第一次听说。
méimáogāo shì shénme? wǒ dìyícì tīngshuō。

售货员: 和睫毛膏差不多，涂在眼眉上就可以了，很方便。
hé jiémáogāo chàbùduō, tú zài yǎnméi shàng jiù kěyǐ le, hěn fāngbiàn。

顾客: 我还是喜欢黑色的。
wǒ háishì xǐhuān hēisè de。

售货员: 这种眼线笔是双用斜面笔尖，让眼线画起来更容易。
zhè zhǒng yǎnxiànbǐ shì shuāngyòng xiémiàn bǐjiān, ràng yǎnxiàn huà qǐlái gèng róngyì。

顾客: 那给我拿一个吧。对了，光买化妆的不行，还得买卸妆的。
nà gěi wǒ ná yí ge ba。duìle, guāng mǎi huàzhuāng de bù xíng, hái děi mǎi xièzhuāng de。

售货员: 这种洗面奶和卸妆油都很好用。
zhè zhǒng xǐmiànnǎi hé xièzhuāngyóu dōu hěn hǎoyòng。

顾客: 那就一样来一个吧。
nà jiù yí yàng lái yí ge ba。

售货员: 我建议您再买一个腮红，涂腮红的话，显得皮肤有活力。
wǒ jiànyì nín zài mǎi yí ge sāihóng, tú sāihóng dehuà, xiǎnde pífū yǒu huólì。

顾客: 看起来质感很清新。买这个了。
kànqǐlái zhìgǎn hěn qīngxīn。mǎi zhège le。

售货员: 请问，您是迪奥会员吗？有会员卡的话，能给您打折。
qǐngwèn, nín shì dí'ào huìyuán ma? yǒu huìyuánkǎ dehuà, néng gěi nín dǎzhé。

顾客: 不是。我没有会员卡。
búshì。wǒ méiyǒu huìyuánkǎ。

售货员: 那我帮您申请一张吧！ 全球迪奥卖场通用。官方网站也能用。
nà wǒ bāng nín shēnqǐng yì zhāng ba! quánqiú dí'ào màichǎng tōngyòng。guānfāng wǎngzhàn yě néng yòng。

顾客: 太好了！快帮我申请一张吧！
tài hǎo le! kuài bāng wǒ shēnqǐng yì zhāng ba!

售货员: 请在这儿填写一下儿您的信息。
qǐng zài zhèr tiánxiě yíxiàr nín de xìnxī。

语法

1. 我想买比较自然点儿的眼影套装。

여기서 '比较'는 형용사이며 '비교적'의 의미를 나타낸다.

① 最近比较凉快，所以很多人周末都去近郊游。
zuìjìn bǐjiào liángkuài, suǒyǐ hěnduōrén zhōumò dōu qù jìnjiāoyóu。

② 这个比较贵，不太适合工薪阶层。
zhè ge bǐjiào guì, bútài shìhé gōngxīnjiēcéng。

③ 韩国的春天和秋天比较短。
hánguó de chūntiān hé qiūtiān bǐjiào duǎn。

또한, '比较'는 동사 '비교하다'로 쓰이기도 한다.

① 您比较一下儿，看看哪个更满意?
nín bǐjiào yíxiàr, kànkan nǎ ge gèng mǎnyì?

② 不要拿自己的孩子和别人的孩子比较。
búyào ná zìjǐ de háizi hé biérén de háizi bǐjiào。

③ 这次的主题是比较韩国和中国的春节文化。
zhè cì de zhǔtí shì bǐjiào hánguó hé zhōngguó de chūnjié wénhuà。

2. 我想要拉长的，最好有防水功能。

여기서 '最好'는 부사이며 '가장 좋은 게/ 가장 바람직한 게'의 의미를 나타낸다.

① 天气突然变冷了，最好多加一件外套。
tiānqì tūrán biàn lěng le, zuìhǎo duō jiā yíjiàn wàitào。

② 现在是上班时间，开车去，很容易堵车。最好坐地铁。
xiànzài shì shàngbān shíjiān, kāichē qù, hěn róngyì dǔchē。zuìhǎo zuò dìtiě。

③ 你不能去上课，最好给老师打个电话。
nǐ bùnéng qù shàngkè, zuìhǎo gěi lǎoshī dǎ ge diànhuà。

또한, '最好'는 형용사 '가장 좋다'로 쓰이기도 한다.

① 这是我们卖场里最好的。
zhè shì wǒmen màichǎng lǐ zuìhǎo de。

② 他的语法不太好，但是发音最好。
tā de yǔfǎ bútài hǎo, dànshì fāyīn zuìhǎo。

③ 她是我最好的朋友，从小玩儿到大。
tā shì wǒ zuìhǎo de péngyǒu, cóng xiǎo wánr dào dà。

3. 这是防水睫毛膏。睫毛看起来根根分明，卷翘美丽。

'看起来': '起来'는 방향보어로 원래는 '낮은 곳에서 높은 곳으로 향하다'의 의미를 나타낸다. 여기서 파생된 의미 '보아하니'로 쓰인다. 같은 용법으로 쓰이는 '听起来', '说起来', '做起来' 등도 있다.

① 您这样化妆，看起来很年轻。
nín zhèyàng huàzhuāng, kànqǐlái hěn niánqīng。

② 韩国的衣服，看起来都非常时尚。
hánguó de yīfu, kànqǐlái dōu fēicháng shíshàng。

③ 这个主意听起来不错，就这么办吧。
zhègè zhǔyì tīngqǐlái búcuò, jiù zhème bàn ba。

④ 说起来我们还是同乡呢。
shuōqǐlái wǒmen háishì tóngxiāng ne。

⑤ 说起来容易，做起来难。
shuōqǐlái róngyì, zuòqǐlái nán。

4. 我还是喜欢黑色的。

여기서 '还是'는 부사이며 '아무래도~더 좋다'의 의미를 나타낸다.

① 吃饺子太麻烦了，还是吃面条吧!
chī jiǎozi tài máfán le, háishì chī miàntiáo ba!

② 外面下雪了，还是改天再去吧!
wàimiàn xiàxuě le, háishì gǎitiān zài qù ba!

③ 还是学汉语吧! 英语大家都会。
háishì xué hànyǔ ba! yīngyǔ dàjiā dōu huì。

또한, '还是'는 부사 '아직도, 여전히.'로 쓰이기도 한다.

① 皮肤还是老样子，每天洗完脸，紧绷绷的。
pífū háishì lǎoyàngzi, měitiān xǐ wán liǎn, jǐnbēngbēng de。

② 卖场还是中国人最多。
màichǎng háishì zhōngguórén zuì duō。

③ 还是儿子用过的手机吗?
háishì érzi yòng guò de shǒujī ma?

5. 对了，光买化妆的不行，还得买卸妆的。

'的'자의 명사화: 명사, 인칭대명사, 동사, 형용사 등의 뒤에 '的'을 붙이면 명사처럼 쓰인다.

① 这是在仁寺洞小商店里买的。
zhè shì zài rénsìdòng xiǎo shāngdiàn lǐ mǎi de。

② 大的和小的一样价。
dà de hé xiǎo de yíyàng jià。

③ 这不是我的，是我爱人的。
zhè búshì wǒ de, shì wǒ àirén de。

④ 哪个座位是你的？别乱坐，请对号入座。
nǎ ge zuòwèi shì nǐ de? bié luàn zuò, qǐng duìhàorùzuò。

⑤ 我不太喜欢吃咸的，辣的，给我清淡点儿的。
wǒ bútài xǐhuān chī xián de, là de, gěi wǒ qīngdàn diǎnr de。

단어

近郊游	jìnjiāoyóu	근교 나들이
工薪阶层	gōngxīnjiēcéng	샐러리맨계층
主题	zhǔtí	주제
外套	wàitào	외투
主意	zhǔyì	생각
同乡	tóngxiāng	같은 고향 사람
紧绷绷	jǐnbēngbēng	땅기다
仁寺洞	rénsìdòng	인사동
对号入座	duìhàorùzuò	번호대로 앉다.
清淡	qīngdàn	담백하다

练习

一. 문형 연습

1. 这种商品中国人买得比较多。

   夏天要用比较清爽的化妆品。

   年轻人比较会打扮。

   比较一下儿颜色，看看哪款更合适。

   哪个比较好？帮我挑挑。

2. 做家务很累，最好两个人一起分担。

   去的时候，最好买点儿小礼物。

   时间太长了，你最好坐高铁。

   有山有水的环境最好。

   我们班他唱歌儿最好。

3. 韩国人看起来都很时尚。

   这个瓶子看起来很特别。

看起来您是第一次出国。

你的口音听起来像东北人。

说起来大家都是老同学。

4. 一个人多没意思，还是和我们一起去郊游吧!

看来看去，还是红色的最好。

还是改天吧! 我今天约了别人。

老师讲了很多遍，可我还是不清楚。

十年过去了，他还是老样子。

5. 她是新来的，多照顾照顾。

自己做的比买的要经济实惠。

四川人喜欢辣的，所以辣椒很有名。

小的给弟弟，大的给哥哥。

昨天晚上写的，看看有没有错的?

단어

打扮	dǎbàn	치장하다
家务	jiāwù	집안일
分担	fēndān	분담하다
口音	kǒuyīn	말씨
东北人	dōngběirén	동북지역 사람
照顾	zhàogù	돌보다
经济实惠	jīngjìshíhuì	경제적이고 실속이 있다.

二. 괄호 안에 들어간 단어를 보기에서 고르세요.

(卸妆 申请 防水功能 洗面奶 眉笔 填写 唇彩 眼线笔 眼影 眉毛膏 会员卡)

1. 我想买比较自然点儿的(　　　　)套装。

2. 我想要拉长的，最好有(　　　　)。

3. 迪奥的(　　　　)富含滋养精油，让嘴唇丰盈水润。

4. 黑色的(　　　　)和(　　　　)一样来一支。

5. 不仅有眉笔，还有(　　　　)。

6. 对了，光买化妆的不行，还得买(　　　　)的。

7. 这种(　　　　)和卸妆油都很好用。

8. 有(　　　　)的话，能给您打折。

9. 那我帮您(　　　　)一张吧!

10. 请在这儿(　　　　)一下儿您的信息。

三. 다음 빈칸을 채우세요.

중국어	중국어 발음과 성조	한국어 뜻
		색조 메이크업
	shuō míng	
腮红		
卷翘		
	qì diàn fěn dǐ	
		세트
官方网站		
	huó lì	
		물광
信息		

四. 다음 한국어 문장을 중국어로 번역해 주세요.

1. 저 따라 오세요!

2. 어느 종류 필요하십니까?

3. 립글로스 색상이 정말 많네요!

4. 아무래도 검정색이 더 좋을 것 같습니다.

5. 하나씩 주세요.

6. 볼터치를 하시면 활기가 있어 보입니다.

7. 이것은 신제품입니다. 테스트 한번 해 보세요.

8. 실례하지만, 회원입니까?

9. 죄송합니다. 저 회원 카드 없습니다.

10. 하나 신청해 주십시오.

第九课

包儿

(가방)

第九课 包儿(가방)

新单词

路易威登	lùyìwēidēng	루이뷔통
手提包	shǒutíbāo	핸드백
女式	nǚshì	여성용
手袋	shǒudài	핸드백
实用	shíyòng	실용적이다
经典	jīngdiǎn	전형적, 전통적
款式	kuǎnshì	스타일
四季	sìjì	사계절
真皮	zhēnpí	진짜 가죽
皮革	pígé	인조 가죽
专有	zhuānyǒu	~만 가지고 있다. 전유
材质	cáizhì	재질
特殊	tèshū	특별하다
材料	cáiliào	재료
帆布	fánbù	갠버스
纯	chún	순수하다, 백 프로
经久耐用	jīngjiǔnèiyòng	오래도록 쓸 수 있다.

打理	dǎlǐ	관리하다. 손질하다.
拎	līn	손으로 들다.
颜色	yánsè	색깔
棕色	zōngsè	브라운 색
精挑细选	jīngtiāoxìxuǎn	꼼꼼하게 고르다
保养	bǎoyǎng	손질하다, 관리하다
软	ruǎn	부드럽다
布	bù	천. 베. 포.
湿纸巾	shīzhǐjīn	물티슈
擦拭	chāshì	닦다
拉链	lāliàn	지퍼
隔层	gécéng	내부포켓
钱包	qiánbāo	지갑
花纹	huāwén	무늬
保修卡	bǎoxiūkǎ	보증서
防尘袋	fángchéndài	더스트백
售后服务	shòuhòufúwù	애프터서비스
据我所知	jūwǒsuǒzhī	내가 알기로는.
旗舰店	qíjiàndiàn	플래그 숍
线上	xiànshàng	온라인

课文

售货员: 欢迎光临路易威登卖场。
huānyíng guānglín lùyìwēidēng màichăng。

售货员: 您想买手提包吗?
nín xiăng măi shŏutíbāo ma?

顾客: 我想买女式手袋。
wŏ xiăng măi nǚshì shŏudài。

售货员: 您打算买什么时候用的?
nín dăsuàn măi shénmeshíhòu yòng de?

顾客: 我想上班的时候拿着，要实用一点儿的。
wŏ xiăng shàngbān de shíhòu ná zhe, yào shíyòng yìdiănr de。

售货员: 那您看看这款中号手袋，经典款式，四季都能用。
nà nín kànkan zhè kuăn zhōnghào shŏudài, jīngdiăn kuănshì, sìjì dōu néng yòng。

顾客: 真皮的，皮革的?
zhēnpí de, pígé de?

售货员: 这是路易威登专有的材质，皮革加特殊材料，帆布的。
zhè shì lùyìwēidēng zhuānyŏu de cáizhì, pígé jiā tèshū cáiliào, fánbù de。

顾客: 我还是比较喜欢纯皮的。
wŏ háishì bĭjiào xĭhuān chúnpí de。

售货员: 这种材质的包儿经久耐用，比真皮的好打理。
zhè zhŏng căizhì de bāor jīngjiŭnèiyòng, bĭ zhēnpí de hăo dălĭ。

售货员: 如果您喜欢，拎一下儿试试。
rúguǒ nín xǐhuān, līn yíxiàr shìshì。

顾客: 镜子在哪儿?
jìngzi zài nǎr?

售货员: 在这儿，是不是看的和拎的感觉不一样?
zài zhèr, shìbushì kàn de hé līn de gǎnjué bùyíyàng?

顾客: 不错，这款有几种颜色?
búcuò, zhè kuǎn yǒu jǐ zhǒng yánsè?

售货员: 棕色和黑色，一共两种颜色。
zōngsè hé hēisè, yígòng liǎng zhǒng yánsè。

顾客: 黑的皮包有好几个呢，棕色的给我试试。
hēide píbāo yǒu hǎo jǐ ge ne, zōngsè de gěi wǒ shìshi。

售货员: 拿这个包显得您很有气质。
ná zhège bāo xiǎn de nín hěn yǒu qìzhì。

顾客: 对不起，黑的我也想试试。
duìbuqǐ, hēi de wǒ yě xiǎng shìshì。

售货员: 没问题，买东西一定要精挑细选嘛!
méiwèntí, mǎi dōngxī yídìng yào jīngtiāoxìxuǎn ma!

顾客: 还是给我棕色的吧! 怎么保养呢?
háishì gěi wǒ zōngsè de ba! zěnme bǎoyǎng ne?

售货员: 脏了的话，用软布或者湿纸巾轻轻擦拭就行。
zāng le dehuà, yòng ruǎnbù huòzhě shīzhǐjīn qīngqing chāshì jiù xíng。

顾客: 不过，看起来不太容易脏。
búguò, kànqǐhái bútài róngyì zāng。

售货员： 对，您拎的时候注意点儿就行。
duì, nín līn de shíhòu zhùyì diǎnr jiù xíng。

顾客： 给我看一下儿里边儿。
gěi wǒ kàn yíxiàr lǐbiānr。

售货员： 有拉链，里面还有两个隔层。
yǒu lāliàn, lǐmiàn háiyǒu liǎng ge gécéng。

顾客： 有没有和这个包一样颜色的钱包呢？
yǒuméiyǒu hé zhège bāo yíyàng yánsè de qiánbāo ne?

售货员： 您看看这个，两个的颜色和花纹都一样。
nín kànkan zhège, liǎng ge de yánsè hé huāwén dōu yíyàng。

顾客： 太好了，看上去像一套。
tài hǎo le, kànshàngqù xiàng yítào。

售货员： 您真有眼光。
nín zhēn yǒu yǎnguāng。

顾客： 你们不搞活动吗？
nǐmen bù gǎo huódòng ma?

售货员： 对不起，我们不打折。
dùbùqǐ, wǒmen bù dǎzhé.

顾客： 保修卡在哪儿？
bǎoxiūkǎ zài nǎr?

售货员： 保修卡和防尘袋我都帮您包好了。
bǎoxiūkǎ hé fángchéndài wǒ dōu bāng nín bāo hǎo le。

顾客： 在中国也能找到售后服务吗？
zài zhōngguó yě néng zhǎodào shòuhòufúwù ma?

售货员: 据我所知，国内有好几个旗舰店，哈尔滨、大连、青岛、杭州、宁波、武汉、重庆、广东都有。我还听说，2018年7月15日，中国官方线上旗舰店开始营业了。
jūwǒsuǒzhī, guónèi yǒu hǎo jǐ ge qíjiàndiàn, hā'ěrbin, dàlián, qīngdǎo, hángzhōu, níngbō, wǔhàn, chóngqìng, guǎngdōng dōu yǒu。wǒ hái tīngshuō, èr líng yī bā nián qī yuè shí wǔ rì, zhōngguó guānfāng xiànshàng qíjiàndiàn kāishǐ yíngyè le。

语法

1. 我想上班的时候拿着，要实用一点儿的。

‘着’은 동태조사로 동사 뒤에 쓰여 동작의 지속상태를 나타낸다.

① 你先买着，我去一趟洗手间。
nǐ xiān mǎi zhe, wǒ qù yí tàng xǐshǒujiān。

② 大家都坐着，好好儿休息。
dàjiā dōu zuò zhe, hǎohǎor xiūxī。

③ 你为什么总是一个人站着？
nǐ wèishénme zǒngshì yí ge rén zhàn zhe?

④ 你听着，我仔细地给你讲一遍。
nǐ tīng zhe, wǒ zǐxì de gěi nǐ jiǎng yíbiàn。

⑤ 同学们都看着，我们等一会儿再出发。
tóngxuémen dōu kàn zhe, wǒmen děng yíhuìr zài chūfā。

2. 这种材质的包儿经久耐用，比真皮的好打理。

여기서 ‘好’는 부사이며 동사 앞에 쓰여‘~하기 가 좋다’의 의미를 나타낸다.

① 这种唇膏很好用，多买几个吧！
zhè zhǒng chúngāo hěn hǎo yòng, duō mǎi jǐ ge ba!

② 香水的味道很好闻，是水果香味儿。
xiāngshuǐ de wèidào hěn hǎowén, shì shuǐguǒ xiāngwèir。

③ 新笔记本电脑很好使，写报告又快又好。
xīn bǐjìběn diànnǎo hěn hǎoshǐ, xiě bàogào yòu kuài yòu hǎo。

黑的皮包有好几个呢，咖啡色的给我试试。
또한, '好'는 정도부사 '很'처럼 쓰이기도 한다.

① 天气好晴朗，我们出去散步吧!
tiānqì hǎo qínglǎng, wǒmen chūqù sànbù ba!

② 他的男朋友我见过，好帅!
tā de nán péngyǒu wǒ jiàn guò, hǎo shuài!

③ 你的衣服好多，穿得过来吗?
nǐ de yīfu hǎo duō, chuān de guòlái ma?

그 밖에, '好'는 동사 뒤에 쓰여 '완성'의 의미로 '完'처럼 쓰기도 한다.

① 您的车已经修好了，可以开走了。
nín de chē yǐjīng xiū hǎo le, kěyǐ kāi zǒu le。

② 您买的东西都包好了，欢迎下次再来。
nín mǎi de dōng xī dōu bāo hǎo le, huānyíng xiàcì zài lái。

③ 饭做好了吗? 我快饿死了。
fàn zuò hǎo le ma? wǒ kuài è sǐ le。

3. 拿这个包显得您很有气质。

'显得'은 '~게 보이다', '~인 것처럼 보이다'의 의미를 나타난다.

① 您戴这款手表，显得很绅士。
nín dài zhè kuǎn shǒubiǎo, xiǎnde hěn shēnshì。

② 这样化妆显得年轻了好几岁。
zhèyàng huàzhuāng xiǎnde niánqīng le hǎo jǐ suì。

③ 穿裙子比穿裤子显得有女人味儿。
chuān qúnzi bǐ chuān kùzi xiǎnde yǒu nǚrénwèir。

④ 刚到国外，什么都显得很新奇。
gāng dào guówài, shénme dōu xiǎnde hěn xīnqí。

⑤ 把包装纸都扔了吧！行李显得很多。
bǎ bāozhuāngzhǐ dōu rēng le ba! xínglǐ xiǎnde hěnduō。

4. 太好了，看上去像一套。

'看上去~'는 '~ 보기 에는'의 의미를 나타낸다.

① 这样打扮，您看上去小十岁。
zhèyàng dǎbàn, nín kànshàngqù xiǎo shí suì。

② 她们关系很好，看上去像姐妹。
tāmen guānxì hěnhǎo, kànshàngqù xiàng jiěmèi。

③ 你女朋友的这个包儿看上去很贵。
nǐ nǚpéngyǒu de zhège bāor kànshàngqù hěn guì。

④ 看上去不错，我也想试试，可以吗？
kànshàngqù búcuò, wǒ yě xiǎng shìshi, kěyǐ ma?

⑤ 她还太小，看上去不太会买东西。
tā hái tài xiǎo, kànshàngqù bú tài huì mǎi dōngxī。

5. 你们不搞活动吗？

'搞~'는 '~하다, 종사하다, 처리하다, 장만하다' 등 여러 가지의미를 가지고 있다.

① 为了招揽顾客，经常搞促销活动。
wèile zhāolǎn gùkè, jīngcháng gǎo cùxiāo huódòng。

② 他是搞音乐的，在中国很有名。
tā shì gǎo yīnyuè de, zài zhōngguó hěn yǒumíng。

③ 事情搞砸了，怎么办？
shìqíng gǎo zá le, zěnmebàn?

④ 我搞到了去北京的高铁票。
wǒ gǎo dào le qù Běijīng de gāotiě piào。

⑤ 别搞鬼，大家都知道了。
bié gǎoguǐ, dàjiā dōu zhīdào le。

단어

唇膏	chúngāo	립밤
报告	bàogào	리포트
晴朗	qínglǎng	쾌청하다
绅士	shēnshì	신사
新奇	xīnqí	신기하다
包装纸	bāozhuāngzhǐ	포장지
招揽	zhāolǎn	손님을 끌다.
促销	cùxiāo	판매를 촉진시키다.
砸	zá	망치다
搞鬼	gǎoguǐ	꿍꿍이 수작을 부리다.

练习

一. 문형 연습

1. 桌子上放着一本书。

   墙上挂着一幅画儿。

   窗台上摆着一盆花儿。

   沙发上躺着一个孩子。

   门口站着一个人。

2. 家具多了不好打扫，这样正好。

   这件事儿好处理，大家别着急。

   好不容易下了一场大雨。

   爸爸早出晚归，一天好辛苦。

   出国留学以后，好想家人和朋友。

3. 她的皮肤很白，显得很漂亮。

   最近几个月，他显得很没自信。

夏天穿白色，显得凉快。

上衣短的话，显得腿长。

节日的天安门，显得很壮观。

4. 他笑了笑，看上去很无奈。

看上去没有问题，您再仔细看看。

质量看上去很好，就是样子有点儿老。

他对业务看上去不是很熟练。

看上去这里是繁华街，人多，车多。

5. 换季的时候，妈妈总是搞卫生。

你这么说，我搞不清楚。

花了这么多钱，还搞失败了。

要和客户搞好关系。

娱乐节目都很搞笑。

단어

墙	qiáng	벽
窗台	chuāngtái	창턱
摆	bǎi	놓다. 배치하다
沙发	shāfā	쇼파
躺	tǎng	눕다
家具	jiājù	가구
自信	zìxìn	자신감 있다
壮观	zhuàngguān	웅장하다
无奈	wúnài	어찌 할 도리가 없다
熟练	shúliàn	능숙하다
繁华街	fánhuájiē	번화가
关系	guānxì	관계
娱乐节目	yúlèjiémù	오락프로그램
搞笑	gǎoxiào	우스꽝스럽다

二. 괄호 안에 들어간 단어를 보기에서 고르세요.

(精挑细选 售后服务 开始营业 防尘袋 旗舰店 花纹 隔层 拎 实用 擦拭 颜色)

1. 我想上班的时候拿着，要(   )一点儿的。

2. 如果您喜欢，(   )一下儿试试。

3. 不错，这款有几种(   )?

4. 没问题，买东西一定要(　　　　)嘛!

5. 脏了的话，用软布或者湿纸巾轻轻(　　　　)就行。

6. 有拉链，里面还有两个(　　　　)。

7. 您看看这个，两个的颜色和(　　　　)都一样。

8. 保修卡和(　　　　)我都帮您包好了。

9. 在中国也能找到(　　　　)吗?

10. 中国官方线上旗舰店(　　　　)了。

三. 다음 빈칸을 채우세요.

중국어	중국어 발음과 성조	한국어 뜻
		핸드백
	jīng diǎn	
保养		
经久耐用		
	dǎ lǐ	
		갠버스
据我所知		
	xiàn shàng	
		보증서
旗舰店		

四. 다음 한국어 문장을 중국어로 번역해 주세요.

1. 여성용 핸드백을 사려고 합니다.

2. 언제 쓰실 것을 구매하십니까?

3. 사계절 다 쓸 수 있습니다.

4. 진짜 가죽인가요?

5. 관리하기가 정말 쉽습니다.

6. 거울이 어디 있습니까?

7. 두 가지 색상이 있습니다.

8. 정말 안목이 있으십니다.

9. 우리 제품이 할인행사가 없습니다.

10. 중국내에도 매장이 있습니다.

第十课

皮鞋

(구두)

第十课 皮鞋(구두)

新单词

博柏利	bóbōlì	버버리
皮鞋	píxié	구두
踝靴	huáixuē	앵클부츠
选购	xuǎngòu	골라서 사다
精选	jīngxuǎn	세심하게 고르다
平滑	pínghuá	매끈하다
搭配	dāpèi	조합하다. 배합하다.
格纹	géwén	체크무늬
牛皮	niúpí	소가죽
羊皮	yángpí	양가죽
小牛皮	xiǎoniúpí	송아지 가죽
鞋面	xiémiàn	신발의 겉면
内衬	nèichèn	안감
舒适	shūshì	쾌적하다. 편하다.
鞋底	xiédǐ	신발의 밑창
橡胶	xiàngjiāo	고무
冬季	dōngjì	겨울 철

防滑	fánghuá	미끄럼을 방지하다
设计	shèjì	디자인하다. 설계하다.
套装	tàozhuāng	정장
裙装	qúnzhuāng	치마 정장
跟儿	gēnr	굽
厘米	límǐ	센티미터
风格	fēnggé	타입. 스타일.
时尚	shíshàng	최신 유형
复古	fùgǔ	복고
百分百	bǎi fēn bǎi	100%
相当	xiāngdāng	상당히, 아주
舒服	shūfu	편안하다
散步	sànbù	산책하다
逛街	guàngjiē	한가롭게 거리를 돌아다니다.
装饰	zhuāngshì	장식(품)
黄铜	huángtóng	황동(구리)
套穿	tàochuān	덧신다
日常	rìcháng	평소
百搭	bǎidā	아무거나 잘 어울리다.

课文

售货员: 欢迎光临博柏利卖场。
huānyíng guānglín bóbōlì màichǎng。

售货员: 看皮鞋吗? 要多大号的?
kàn píxié ma? yào duōdà hào de?

顾客: 是的，我想买双冬天穿的踝靴。
shìde, wǒ xiǎng mǎi shuāng dōngtiān chuān de huáixuē。

售货员: 新款上市，现在是选购的好机会。
xīnkuǎn shàngshì, xiànzài shì xuǎngòu de hǎo jīhuì。

顾客: 我想买新款，38号的。
wǒ xiǎng mǎi xīnkuǎn, sān shí bā hào de。

售货员: 那您看看这款，精选平滑皮革材质，搭配品牌的HOUSE格纹。
nà nín kànkàn zhè kuǎn, jīngxuǎn pínghuá pígé cáizhì, dāpèi pǐnpái de HOUSE géwén。

顾客: 牛皮的，羊皮的?
niúpí de, yángpí de?

售货员: 鞋面60%是小牛皮，40%是棉，内衬是100%的小牛皮，穿起来很舒适。
xiémiàn bǎifēn zhī liùshí shì xiǎoniúpí, bǎifēn zhī sìshí shì mián, nèichèn shì bǎifēnbǎi de xiǎoniúpí, chuānqǐlái hěn shūshì。

顾客: 那鞋底呢?
nà xiédǐ ne?

售货员: 鞋底60%是橡胶，40%是皮革，冬季防滑设计。
xiédǐ bǎifēn zhī liùshí shì xiàngjiāo, bǎifēn zhī sìshí shì pígé, dōngjì fánghuá shèjì。

顾客: 这个挺好，配什么衣服呢？
zhège tǐng hǎo, pèi shénme yīfu ne?

售货员: 要么穿套装，要么穿裙装，都行。
yàome chuān tàozhuāng, yàome chuān qúnzhuāng dōu xíng。

顾客: 这跟儿多高？
zhè gēnr duō gāo?

售货员: 七厘米。不高也不矮，正好。
qī límǐ。bù gāo yě bù ǎi, zhènghǎo。

售货员: 您要不要看看别的？
nín yàobuyào kànkan biéde?

顾客: 我还想买双休闲鞋，平时穿的。
wǒ hái xiǎng mǎi shuāng xiūxiánxié, píngshí chuān de。

售货员: 那您看看这款，经典风格的休闲便鞋。
nà nín kànkan zhè kuǎn, jīngdiǎn fēnggé de xiūxián biànxié。

顾客: 看起来不是那么时尚。
kànqǐlái búshì nàme shíshàng。

售货员: 您说得对，这款是六七十年代的复古风格。
nín shuō de duì, zhè kuǎn shì liùqīshí niándài de fùgǔ fēnggé。

顾客: 是纯牛皮的吗？
shì chún niúpí de ma?

售货员: 您看，这双是百分百的小牛皮，质地很软，穿起来相当舒服。散步，逛街都没问题。
nín kàn, zhè shuāng shì bǎifēnbǎi de xiǎo niúpí, zhìdì hěn ruǎn, chuān qǐlái xiāngdāng shūfu。sànbù, guàngjiē dōu méi wèntí。

顾客: 那这个装饰呢?
nà zhè ge zhuāngshì ne?

售货员: 这是黄铜的。
zhè shì huángtóng de。

售货员: 您再看，这是套穿的设计，穿脱都很方便，而且日常百搭。
nín zài kàn, zhè shì tàochuān de shèjì, chuāntuō dōu hěn fāngbiàn, érqiě rìcháng bǎidā。

顾客: 那这两双都要了。
nà zhè liǎng shuāng dōu yào le。

售货员: 踝靴是6900元，休闲鞋5700元，一共12600元。
huáixuē shì liùqiānjiǔ bǎi yuán, xiūxiánxié shì wǔqiānqī bǎi yuán, yígòng yíwànèrqiānliù bǎi yuán。

语法

1. 要么穿套装，要么穿裙装，都行。

'要么~，要么~'는 '~하든지, ~하든지'의 의미를 나타낸다. 두 가지 상황에서 하나를 선택하는 것이다.

① 要么买红的，要么买黑的。
yàome mǎi hóngde, yàome mǎi hēide。

② 要么住旅店，要么住民宿。
yàome zhù lǚdiàn, yàome zhù mínsù。

③ 要么吃中餐，要么吃西餐。
yàome chī zhōngcān, yàome chī xīcān。

④ 要么坐飞机，要么坐船。
yàome zuò fēijī, yàome zuò chuán。

⑤ 要么跟团去，要么自驾去。
yàome gēn tuán qù, yàome zìjià qù。

2. 这跟儿多高?

'多+단음절 형용사?'는 의문문을 만들 수 있다.

① 你今年多大?
nǐ jīnnián duō dà?

② 她多重?
tā duō zhòng?

③ 你家多远?
nǐ jiā duō yuǎn?

④ 这个带儿多长?
zhè ge dàir duō cháng?

⑤ 你穿多大的?
nǐ chuān duō dà de?

3. 不高也不矮，正好。

'不+A+也不+B'는 '~지도 않고 ~지도 않다'의 의미를 나타낸다. A와 B는 상반된 형용사이나 동사를 쓰인다.

① 不长也不短，正合适。
bú cháng yě bù duǎn, zhèng héshì。

② 不早也不晚，出发吧!
bù zǎo yě bù wǎn, chūfā ba。

③ 天气不冷也不热，去郊游吧!
tiānqì bù lěng yě bú rè, qù xiāoyóu ba!

④ 不胖也不瘦，不用减肥。
bú pàng yě bú shòu, búyòng jiǎnféi。

⑤ 不深也不浅，孩子们玩儿水正好。
bù shēn yě bù qiǎn, háizimen wánr shuǐ zhènghǎo。

4. 不高也不矮，正好。

'正好'는 '딱 알맞다'의 의미를 나타낸다.

① 这种高跟儿，您穿正好。
zhèzhǒng gāogēnr, nín chuān zhènghǎo。

② 裙子的颜色正好。
qúnzi de yánsè zhènghǎo。

③ 菜的味道正好，一点儿也不咸。
cài de wèidào zhènghǎo, yìdiǎnr yě bù xián。

또한 '正好'는 '마침'의 의미도 나타낸다.

① 你来的正好，我刚要给你打电话。
nǐ lái de zhènghǎo, wǒ gāng yào gěi nǐ dǎ diànhuà。

② 今天是中秋节，正好大家聚一下儿。
jīntiān shì zhōngqiūjié, zhènghǎo dàjiā jù yíxiàr。

③ 现在这儿有九个人，正好够一个团。
xiànzài zhèr yǒu jiǔ ge rén, zhènghǎo gòu yí ge tuán。

5. 您看，这双是百分百的小牛皮，质地很软，穿起来相当舒服。散步，逛街都没问题。

여기서 '没问题'는 '문제없다'의 의미를 나타낸다.

① 大家没问题的话，就下课吧。
dàjiā méiwèntí de huà, jiù xiàkè ba。

② 吃住没问题，但是我们没车。
chīzhù méiwèntí, dànshì wǒmen méi chē。

③ 老人们都希望自己的健康没问题。
lǎorénmen dōu xīwàng zìjǐ de jiànkāng méiwèntí。

또한 '没问题'는 '물론이다', '괜찮다'의 의미도 나타낸다.

① 没问题，有事儿尽管说!
méiwèntí, yǒushìr jǐnguǎn shuō!

② 八点出发，没问题吧?
bādiǎn chūfā,méiwèntí ba?

③ 没问题，吃了饭再去也不晚。
méiwèntí, chī le fàn zài qù yě bù wǎn。

단어

旅店	lǚdiàn	모텔
民宿	mínsù	민박
自驾	zìjià	자가운전하다.
尽管	jǐnguǎn	얼마든지, 마음 놓고

练习

一. 문형 연습

1. 要么去日本，要么去美国。

   要么搬家，要么重装修。

   要么买牛皮，要么买羊皮。

   要么不说，要么一针见血。

   要么跟朋友过节，要么跟家人过节。

2. 这座楼多高?

   这个房子多大?

   加拿大多远?

   你男朋友多重?

   她的头发多长?

3. 不高也不矮，很配!

   不吃也不喝，对身体不好!

   不说也不笑，一定有烦恼。

不大也不小，正合适！

不咸也不淡，味道不错。

4. 你的想法正好和我一样。

我要去你办公室，正好你来了。

这次去北京，正好是国庆节。

你们差两岁，正好！

他一米八三，我一米七五，正好！

5. 她做事儿很仔细，没问题。

这儿不停水也不停电，没问题。

结婚时男方有房子，没问题。

没问题，您放心吧！

没问题，他一定会帮我们。

단어

搬家	bānjiā	이사하다
装修	zhuāngxiū	인테리어하다
一针见血	yìzhēnjiànxiě	한 마디로 따끔한 경고
烦恼	fánnǎo	고민

二. 괄호 안에 들어간 단어를 보기에서 고르세요.

(夏古风格 新款上市 防滑设计 百分百 时尚 踝靴 百搭 休闲 配 号)

1. 我想买双冬天穿的(　　　　)。

2. 要多大(　　　　)的?

3. (　　　　), 现在是选购的好机会。

4. 这个挺好, (　　　　)什么衣服呢?

5. 鞋底60%是橡胶, 40%是皮革, 冬季(　　　　)。

6. 那您看看这款, 经典风格的(　　　　)便鞋。

7. 看起来不是那么(　　　　)。

8. 您说得对, 这款是六七十年代的(　　　　)。

9. 这双是(　　　　)的小牛皮, 质地很软, 穿起来相当舒服。

10. 这是套穿的设计, 穿脱都很方便, 而且日常(　　　　)。

三. 다음 빈칸을 채우세요.

중국어	중국어 발음과 성조	한국어 뜻
		구두
	xié miàn	
精选		
舒服		
	sàn bù	
		송아지 가죽
套穿		
	zhuāng shì	
		안감
百搭		

四. 다음 한국어 문장을 중국어로 번역해 주세요.

1. 구두를 구매하십니까?

2. 저는 240사이즈를 신습니다.

3. 소가죽인가요? 양가죽인가요?

4. 굽이 어떻게 되나요?

5. 높지도 않고 낮지도 않아서 딱 좋습니다.

6. 다른 제품도 보여드릴까요?

7. 평소에 신는 신발을 보여 주세요.

8. 100% 소가죽인가요?

9. 산책이나 쇼핑할 때 신어도 아무문제가 없습니다.

10. 두 켤레 모두 주세요.

第十一课

烟和酒

(담배와 술)

第十一课 烟和酒(담배와 술)

新单词

烟	yān	담배
酒	jiŭ	술
欧美	ōuměi	유럽하고 미국
中华烟	zhōnghuáyān	중화담배
限购	xiàngòu	구입을 제한하다
以为	yǐwéi	여기다, 생각하다
办法	bànfă	방법
升	shēng	리터
以下	yǐxià	이하
干红	gānhóng	적포도주
葡萄酒	pútáojiŭ	포도주
覆盆子	fùpénzi	복분자
品尝	pǐncháng	맛을 보다
甜味儿	tiánwèir	단 맛
酿	niàng	술을 빚다
果酒	guŏjiŭ	과일 주
度数	dùshù	도수

大概	dàgài	대략
左右	zuǒyòu	정도
刺激	cìjī	자극하다, 자극적이다
中老年人	zhōnglǎoniánrén	중년과 노년
米酒	mǐjiǔ	막걸리

课文

售货员: 您好! 您想买烟还是酒?
nínhǎo! nín xiǎng mǎi yān háishì jiǔ?

售货员: 我帮您推荐一下儿?
wǒ bāng nín tuījiàn yíxiàr?

顾客: 烟和酒都想买。
yān hé jiǔ dōu xiǎng mǎi。

售货员: 您看看，这边是名烟，那边是名酒。
nín kànkan, zhèbiān shì míngyān, nàbiān shì míngjiǔ。

顾客: 我不想买欧美的，想看看中国和韩国的。
wǒ bù xiǎng mǎi ōuměi de, xiǎng kànkan zhōngguó hé hánguó de。

售货员: 那您跟我来吧!
nà nín gēn wǒ lái ba!

售货员: 慢慢儿看。
mànmānr kàn。

顾客: 这个中华烟来两条。
zhège zhōnghuá yān lái liǎng tiáo。

售货员: 真对不起，烟每人限购一条。
zhēn duìbuqǐ , yān měirén xiàngòu yì tiáo。

顾客: 真的? 我还以为想买多少就买多少呢。
zhēnde? wǒ hái yǐwéi xiǎng mǎi duōshǎo jiù mǎi duōshǎo ne。

售货员: 这是海关的规定。
zhèshì hǎiguān de guīdìng。

顾客: 没办法，那就来一条吧。
méibànfǎ, nà jiù lái yì tiáo ba。

顾客: 那酒呢？不会也是一瓶吧？
nà jiǔ ne? búhuì yě shì yì píng ba?

售货员: 和烟一样限购，每人两瓶，1.5升以下。
hé yān yí yàng xiàngòu, měirén liǎngpíng, yī diǎn wǔ shēng yǐxià。

顾客: 那就不买干红了。中国也有很多葡萄酒卖。
nà jiù bù mǎi gānhóng le。zhōngguó yě yǒu hěn duō pútáojiǔ mài。

顾客: 您帮我介绍介绍韩国的酒吧!
nín bāng wǒ jièshàojièshào hánguó de jiǔ ba!

售货员: 不知道您听说过覆盆子酒没有？
bù zhīdào nín tīngshuō guò fùpénzi jiǔ méiyǒu?

售货员: 今天搞活动，可以免费品尝。
jīntiān gǎohuódòng, kěyǐ miǎnfèi pǐncháng。

顾客: 酒怎么有甜味儿？
jiǔ zěnme yǒu tiánwèir?

售货员: 因为这是用覆盆子酿的果酒，所以有甜味儿。
yīnwéi zhè shì yòng fùpénzi niàng de guǒjiǔ, suǒyǐ yǒu tiánwèir。

顾客: 那这酒的度数很低吧？
nà zhè jiǔ de dùshù hěn dī ba?

售货员: 大概12度左右，刺激性不大，很受女性和中老年人欢迎。
dàgài shíèr dù zuǒyòu, cìjīxìng bú dà, hěn shòu nǚxìng hé zhōnglǎoniánrén huānyíng。

顾客: 那就给我来一瓶吧。
nà jiù gěi wǒ lái yì píng ba。

售货员: 这个小瓶的是免费送的，您尝尝，韩国的米酒，下次有机会您再买。
zhè ge xiǎo píng de shì miǎnfèi sòng de, nín chángcháng, hánguó de mǐjiǔ, xiàcì yǒu jīhuì nín zài mǎi。

顾客: 不是买一送一吗？
búshì mǎi yī sòng yī ma?

售货员: 覆盆子是您买的，小瓶的米酒是送的。
fùpénzi shì nín mǎi de, xiǎo píng de mǐjiǔ shì sòng de。

顾客: 原来是这样！
yuánlái shì zhèyàng!

语法

1. 真的？我还以为想买多少就买多少呢。

'以为'는 '~라고 여기다'의 의미를 나타낸다. 실제 상황과 다른 판단을 의미한다.

① 我以为这两个是一个牌子的，弄错了。
wǒ yǐwéi zhè liǎng ge shì yí ge páizi de, nòng cuò le。

② 我们以为今天能多买点儿，没想到海关有限制。
wǒmen yǐwéi jīntiān néng duō mǎi diǎnr, méixiǎngdào hǎiguān yǒu xiànzhì。

③ 本来以为市里的免税店和机场的免税店一样。
běnlái yǐwéi shìlǐ de miǎnshuìdiàn hé jīchǎng de miǎnshuìdiàn yíyàng。

④ 我以为你是韩国人，原来你是中国人。
wǒ yǐwéi nǐ shì hánguórén, yuánlái nǐ shì zhōngguórén。

⑤ 我以为他喜欢我，原来她喜欢我的闺密。
wǒ yǐwéi tā xǐhuān wǒ, yuánlái tā xǐhuān wǒ de guīmì。

2. 不知道您听说过覆盆子酒没有？

'동사+过~没有?'는 문장 끝에 쓰여 '~적이 없나요?'의 의미를 나타낸다.

① 你去过首尔的南山塔没有？
nǐ qù guo shǒu'ěr de nánshāntǎ méiyǒu?

② 大家吃过北京烤鸭没有？
dàjiā chī guo běijīngkǎoyā méiyǒu?

③ 你们看过周星弛的电影没有?
nǐmen kàn guo zhōuxīngchí de diànyǐng méiyǒu?

④ 他们听过韩国的演唱会没有?
tāmen tīng guo hánguó de yǎnchànghuì méiyǒu?

⑤ 学生们写过汉字没有?
xuéshēngmen xiě guo hànzì méiyǒu?

3. 因为这是用覆盆子酿的果酒，所以有甜味儿。

'因为+원인, 所以+결과'의 형식으로 쓰이고 인과관계를 나타낸다.

① 因为时间不太多，所以要想好买什么东西。
yīnwèi shíjiān bútài duō, suǒyǐ yào xiǎng hǎo mǎi shénme dōngxī。

② 因为路上堵车了，所以迟到了半个小时。
yīnwèi lùshàng dǔchē le, suǒyǐ chídào le bàn ge xiǎoshí。

③ 因为没有热水喝，所以很多游客不满意。
yīnwèi méiyǒu rèshuǐ hē, suǒyǐ hěn duō yóukè bù mǎnyì。

④ 因为是周末，所以顾客特别多。
yīnwèi shì zhōumò, suǒyǐ gùkè tèbié duō。

⑤ 因为要上班了，所以不能睡懒觉了。
yīnwèi yào shàng bān le, suǒyǐ bùnéng shuìlǎnjiào le。

4. 不是只能买一瓶吗?

'不是~吗'는 반어문이다. '~아닌가?'의 뜻이고, 의문문의 형식이 지만 긍정의 의미를 나타낸다.

① 你不是生病了吗?(我知道你生病了) 怎么来学校了?
nǐ búshì shēngbìng le ma? zěnme lái xuéxiào le?

② 他不是不喜欢运动吗?(我知道他不喜欢运动) 怎么跑步了?
tā búshì bù xǐhuān yùndòng ma? zěnme pǎobù le?

③ 她不是你女朋友吗?(我知道她是你女朋友)为什么不打招呼?
tā búshì nǐ nǚpéngyǒu ma? wèishénme bù dǎzhāohū?

④ 这个电视剧不是看过了吗?(我知道你看过这个电视剧)还看?
zhè ge diànshìjù búshì kànguo le ma? hái kàn?

⑤ 那不是你的手机吗?(我知道那是你的手机)找什么找?
nà búshì nǐ de shǒujī ma? zhǎo shénme zhǎo?

단어

闺密	guīmì	제일 친한 친구(여자끼리)
南山塔	nánshāntǎ	남산타워
演唱会	yǎnchànghuì	콘서트

练习

一. 문형 연습

1. 我以为时间长了，就能忘了。

他以为韩国的水果便宜。

不要以为父母会跟我们一辈子。

她以为汉语水平考试很容易。

她总以为自己很漂亮。

2. 你学过汉语没有?

你们吃过中国菜没有?

大家去过上海没有?

学生们听过京剧没有?

游客看过韩国乱打秀没有?

3. 因为下雨，所以没去你家。

因为太阳离我们太远，所以看上去才那么小。

因为小狗太可爱了，所以我想养一只。

因为是限量板，所以有收藏价值。

因为工作太忙，所以没时间去旅游。

4. 不是一个团吗？怎么就三个人？

不是中午休息一个小时吗？

不是说好星期六见面吗？

不是两个人一个房间吗？

不是免费赠送的吗？

단어

一辈子	yíbèizi	한평생
乱打秀	luàndǎxiù	난타쇼
限量板	xiànliàngbǎn	한정판
收藏价值	shōucángjiàzhí	소장가치

二. 괄호 안에 들어갈 단어를 보기에서 고르세요.

(欧美 覆盆子 限购 原来 名烟 刺激性 名酒 1.5升 以为 买一送一 免费品尝)

1. 您看看，这边是(　　　　)，那边是(　　　　)。

2. 我不想买(　　　　)的，想看看中国和韩国的。

3. 真对不起，烟每人(　　　　)一条。

4. 每人两瓶，(　　　　)以下。

5. 我还(　　　　)想买多少就买多少呢。

6. 今天搞活动，可以(　　　　)。

7. 因为这是用(　　　　)酿的果酒，所以有甜味儿。

8. 大概12度左右，(　　　　)不大，很受女性和中老年人欢迎。

9. 不是(　　　　)吗?

10. (　　　　)是这样!

三. 다음 빈칸을 채우세요.

중국어	중국어 발음과 성조	한국어 뜻
		리터
	yǐ xià	
中华烟		
限购		
	pú táo jiǔ	
		도수
果酒		
	pǐn cháng	
		막걸리
覆盆子		

四. 다음 한국어 문장을 중국어로 번역해 주세요.

1. 담배를 보십니까? 술을 보십니까?

2. 담배 한 보루 주세요.

3. 술을 두병 이상 구매하지 못합니다.

4. 술이 단 맛이 납니다.

5. 술 도수가 많이 낮은 편입니까?

6. 여성과 중 노년층이 많이 선호합니다.

7. 이 작은 병이 한국 막걸리입니다.

8. 무료 시음입니다. 한번 맛을 보세요.

9. 다음에 기회가 되면 꼭 한번 구입해 보세요.

10. 그렇구나!

第十二课

欢送顾客

(고객환송)

第十二课 欢送顾客(고객환송)

新单词

优惠	yōuhuì	혜택
加入	jiārù	가입하다
享受	xiǎngshòu	누리다. 즐기다
累计	lěijì	누적하다. 합계하다
积分	jīfēn	포인트 적립
使用	shǐyòng	사용하다
获得	huòdé	획득하다. 얻다
下载	xiàzǎi	다운하다
完毕	wánbì	끝나다. 종료하다
会员价	huìyuánjià	회원가
全部	quánbù	전부
其他	qítā	기타, 그외
事项	shìxiàng	사항
通过	tōngguò	~을/를 통해서. 통과하다
进行	jìnxíng	진행하다
咨询	zīxún	자문하다. 상의하다.

分期付款	fēnqīfùkuǎn	할부
签名	qiānmíng	서명하다.
卡	kǎ	카드
装	zhuāng	담다

课文

售货员: 请问，您是我们品牌的会员吗?
qǐngwèn, nín shì wǒmen pǐnpái de huìyuán ma?

顾客: 不，我不是会员。有会员优惠吗?
bù, wǒ búshì huìyuán。yǒu huìyuán yōuhuì ma?

售货员: 如果您加入会员的话，从今天起就可以享受会员优惠，购买金额累计的积分可以像现金一样使用。
rúguǒ nín jiārù huìyuán dehuà, cóng jīntiān qǐ jiù kěyǐ xiǎngshòu huìyuán yōuhuì, gòumǎi jīn'é lěijì de jīfēn kěyǐ xiàng xiànjīn yíyàng shǐyòng。

顾客: 还有别的优惠吗?
háiyǒu biéde yōuhuì ma?

售货员: 您加入会员的话， 会得到我们品牌打折或搞活动的信息，还有在您生日的那个月可获得更多的优惠。
nín jiārù huìyuán dehuà, huì dédào wǒmen pǐnpái dǎzhé huò gǎo huódòng de xìnxī, háiyǒu zài nín shēngrì de nà ge yuè kě huòdé gèngduō de yōuhuì。

顾客: 好的。帮我办一张吧!
hǎo de。bāng wǒ bàn yì zhāng ba!

售货员: 您想用手机下载我们品牌的APP吗? 如果您下载APP加入会员的话，会获得更多的信息。这是下载APP的说明书。
nín xiǎng yòng shǒujī xiàzǎi wǒmen pǐnpái de APP ma? rúguǒ nín xiàzǎi APP jiārù huìyuán dehuà, huì huòdé gèngduō de xìnxī。zhè shì xiàzǎi APP de shuōmíngshū。

顾客: 啊，好的。请等一下儿。
a，hǎode。qǐng děng yíxiàr。

顾客: (手机加入会员完毕) 我已经加入会员了。
wǒ yǐjīng jiārù huìyuán le。

售货员: 是，已经确认了。您今天购买的商品可以享受会员价。这儿APP加入会员一律享受九五折会员价。
shì，yǐjīng quèrèn le。nín jīntiān gòumǎi de shāngpǐn kěyǐ xiǎngshòu huìyuánjià。zhèr APP jiārù huìyuán yílǜ xiǎngshòu jiǔwǔzhé huìyuánjià。

顾客: 啊，谢谢。
a，xièxiè。

售货员: 您购买的商品请全部再确认一下儿。
nín gòumǎi de shāngpǐn qǐng quánbù zài quèrèn yíxiàr。

顾客: 好的，商品和价格都对。
hǎode，shāngpǐn hé jiàgé dōu duì。

售货员: 您购买的商品的售后服务和其他事项可以通过APP进行咨询。
nín gòumǎi de shāngpǐn de shòuhòufúwù hé qítā shìxiàng kěyǐ tōngguò APP jìnxíng zīxún。

顾客: 好的，我知道了。
hǎode，wǒ zhīdàole。

售货员: 您怎么结帐?
nín zěnme jiézhàng?

顾客: 三个月分期付款。
sān ge yuè fēnqīfùkuǎn。

售货员: 请在这儿签名。结完帐了。给您的卡和发票。
(商品装进购物袋儿) 这是您的，请拿好。
qǐng zài zhèr qiānmíng。jié wán zhàng le。gěi nín de kǎ hé fāpiào。zhè shì nín de，qǐng ná hǎo。

顾客: 好的，谢谢。
hǎode，xièxiè。

售货员: 谢谢您的光临。欢迎下次再来。再见。
xièxiè nín de guānglín。huānyíng xiàcì zài lái。zàijiàn。

顾客: 再见。
zàijiàn。

语法

1. 好的。帮我办一张吧!

'吧'는 어기조사로서 문장 끝에 쓰여 제의, 부탁, 명령의 어기를 나타낸다.

① 别想了，跟我们一起去吧!
bié xiǎng le, gēn wǒmen yìqǐ qù ba!

② 就一次，帮帮我吧!
jiù yícì, bāngbāng wǒ ba!

③ 你快学习吧! 下个星期就要考试了。
nǐ kuài xuéxí ba! xià ge xīngqī jiùyào kǎoshì le。

또한, 문장 끝에 쓰여 의문이나 추측의 어기도 나타낸다.

① 他们都是游客吧?
tāmen dōu shì yóukè ba?

② 您明天回国吧?
nín míngtiān huíguó ba?

③ 你没有兄弟姐妹吧?
nǐ méiyǒu xiōngdìjiěmèi ba?

그 밖에, 문장 끝에 쓰여 '상관없다, 문제없다, 괜찮다'의 의미도 나타낸다.

① 没有就没有吧，买别的牌子也一样。
méiyǒu jiù méiyǒu ba, mǎi biéde páizi yě yíyàng。

② 坏了就坏了吧，再买个新的。
huàile jiù huàile ba, zài mǎi ge xīn de。

③ 不会就不会吧，他还是小孩子。
búhuì jiù búhuì ba, tā háishì xiǎo háizi。

2. 这儿APP加入会员一律享受九五折会员价。

'一律'은 '모두. 예외 없이'의 의미를 나타낸다.

① 所有人，所有事儿，一律平等。
suǒyǒu rén, suǒyǒu shìr, yílǜ píngděng。

② 双十一，超市的东西，一律打折。
shuāng shíyī, chāoshì de dōngxī, yílǜ dǎzhé。

③ 婚后家务事，一律分担。
hūnhòu jiāwùshì, yílǜ fēndān。

④ 最近电视的综艺节目千篇一律。
zuìjìn diànshì de zōngyìjiémù qiānpiānyílǜ。

⑤ 六岁以下，一律免费。
liù suì yǐxià, yílǜ miǎnfèi。

3. 您购买的商品请全部再确认一下儿。

'再'는 '다시. 재차'의 의미로 아직 발생하지 않은 동작의 중복을 나타낸다.

① 欢迎您下次再来我们卖场购物。
huānyíng nín xiàcì zài lái wǒmen màichǎng gòuwù。

② 再逛一会儿，时间还早呢!
zài guàng yíhuìr, shíjiān hái zǎo ne!

③ 再看看房间，有没有落下的东西。
zài kànkan fángjiān, yǒuméiyǒu làxià de dōngxī。

'又'도 '다시, 재차'의 의미를 가지고 있지만 이미 발생한 동작의 중복을 나타낸다.

① 昨天下雨了，今天又下雨了，明天不会再下雨吧?
zuótiān xiàyǔ le, jīntiān yòu xiàyǔ le, míngtiān búhuì zài xiàyǔ ba?

② 他又没听懂，你再说一遍吧!
tā yòu méi tīngdǒng, nǐ zài shuō yí biàn ba!

③ 我又迟到了，再迟到，这个月奖金就没了。
wǒ yòu chídào le, zài chídào, zhè ge yuè jiǎngjīn jiù méi le。

4. 您购买的商品的售后服务和其他事项可以通过APP进行咨询。

'通过'는'~을/를 통해서'의 의미를 나타낸다. 어떤 방법을 통해서 목적을 달성함.

① 通过旅行我们可以放松心情。
tōngguò lǚxíng wǒmen kěyǐ fàngsōng xīnqíng。

② 通过两年的交往，他决定结婚了。
tōngguò liǎng nián de jiāowǎng, tā juédìng jiéhūn le。

③ 通过小事儿，我们能知道一个人的品行。
tōngguò xiǎoshìr, wǒmen néng zhīdào yí ge rén de pǐnxíng。

또한, '通过'는 '통과하다'의 의미도 가지고 있다.

① 这次选举，他全票通过了。
zhè cì xuǎnjǔ, tā quánpiào tōngguò le。

② 我们班五个同学通过了六级考试。
wǒmen bān wǔ ge tóngxué tōngguò le liùjí kǎoshì。

③ 笔试通过了，就剩面试了。
bǐshì tōngguò le, jiù shèng miànshì le。

단어

家务事	jiāwùshì	집안일
分担	fēndān	분담하다
落下	làxià	누락되다
综艺节目	zōngyìjiémù	버라이어티 쇼
千篇一律	qiānpiānyílǜ	천편일률
奖金	jiǎngjīn	보너스
交往	jiāowǎng	교제하다
品行	pǐnxíng	품행
选举	xuǎnjǔ	선거하다
剩	shèng	남다.

练习

一. 문형 연습

1. 把你的意见说说吧!

   行了, 我知道了, 你等着吧!

   好吧! 就这样办吧!

   老王今天回来吧?

   你们都吃了吧?

2. 吃住一律我负责。

   外国人一律打八五折。

   晚上一律不可以看电视。

   希望我国人民一律安居乐业。

   过海关, 行李一律检查。

3. 再坐一会儿, 聊聊天。

   再喝一杯, 今天大家都高兴。

   再来一个, 再来一个。

又是他，他怎么总来啊！

时间真快，又长了一岁。

4. 通过自学，他考上了北大。

通过讨论，大家都同意了。

通过实验，我们懂了很多科学知识。

两个方案都通过了。

他的毕业论文通过了。

단어

意见	yìjiàn	의견
检查	jiǎnchá	검사하다
安居乐业	ānjūlèyè	편안히 살면서 즐겁게 일하다.
自学	zìxué	독학
实验	shíyàn	실험하다
科学知识	kēxuézhīshí	과학지식
方案	fāng'àn	초안. 계획
论文	lùnwén	논문

二. 괄호 안에 들어간 단어를 보기에서 고르세요.

(其他事项 分期付款 卡 签名 享受 确认 结帐 一律 下载 品牌)

1. 请问，您是我们(　　　)的会员吗？

2. 从今天起就可以(　　　)会员优惠。

3. 您想用手机(　　　)我们品牌的APP吗？

4. 这儿APP加入会员(　　　)享受九五折会员价。

5. 您购买的商品请全部再(　　　)一下儿。

6. 您购买的商品的售后服务和(　　　)可以通过APP进行咨询。

7. 您怎么(　　　)？

8. 三个月(　　　)。

9. 请在这儿(　　　)。

10. 给您的(　　　)和发票。

三. 다음 빈칸을 채우세요.

중국어	중국어 발음과 성조	한국어 뜻
		회원
	yōu huì	
享受		
积分		
	xìn xī	
		전부
下载		
	zī xún	
		통과하다
分期付款		

四. 다음 한국어 문장을 중국어로 번역해 주세요.

1. 손님, 혹시 저희 브랜드 회원이십니까?

2. 회원할인이 됩니까?

3. 다른 혜택은 또 무엇이 있습니까?

4. 네, 회원 가입을 하겠습니다.

5. 스마트폰으로 어플리케이션 다운받아 가입하시면 더욱 다양한 정보를 제공받으실 수 있습니다.

6. 손님께서 오늘 구입하신 제품에 대해 회원가로 할인이 적용됩니다.

7. 전체 구입 제품과 가격을 다시 한 번 확인해주십시오.

8. 구입하신 제품의 A/S 및 기타 문의 사항은 가입하신 어플리케이션을 통해 상담이 가능합니다.

9. 카드로 3개월 할부로 하겠습니다.

10. 손님, 방문해주셔서 감사드립니다. 다음에 다시 찾아와 주십시오.

중국어

본문 해석

제2과 고객응대

1. 안녕하세요! 우리 매장에 오신 것을 환영합니다.
2. 마음대로 구경하세요!
3. 첫 방문이신가요?
4. 뭘 도와드릴까요?
5. 저 따라 오세요.
6. 말씀하신 것은 여기 있습니다.
7. 설명을 해드릴까요?
8. 고객님이 사용하실 건가요? 아니면 선물용인가요?
9. 천천히 둘러보세요.
10. 필요한 것이 있으시면 알려주세요.
11. 마음에 드신 것 있으세요?
12. 이것은 최신상이고, 인기가 많은 제품입니다.
13. 잠깐만 기다려 주세요.
14. 지금 할인행사중입니다.
15. 고객님이 정말 안목이 있으시네요.
16. 이쪽에서 결제해 드릴게요. 여권과 탑승권을 제시해 주세요.
17. 고객님의 귀국날짜는요?

18. 고객님의 전화번호는요?
19. 고객님이 단체여행인가요? 아니면 개인여행인가요?
20. 한국 돈으로 결제해 드릴까요? 아니면 중국 돈으로 결제해 드릴까요?
21. 현금으로 결제해 드릴까요? 아니면 카드로 결제해 드릴까요?
22. 알리페이하고 위챗페이 둘 다 가능합니다.
23. 오늘의 환율은 1 대 172입니다.
24. 확인하시고, 사인해 주세요.
25. 이것은 영수증입니다. 잃어버리지 마세요.
26. 교환이나 환불이 원하시면 영수증 가지고 오세요.
27. 개봉이나 사용한 제품은 교환이나 환불이 안 됩니다.
28. 물건을 잘 챙기시고 천천히 가세요.
29. 다음에 또 오십시오.
30. 즐거운 여행이 되십시오.
31. 화장실은 나가셔서 왼쪽(오른쪽)에 있습니다.
32. 탑승구는 앞으로 쭉 가시면 됩니다.

제3과 공항면세점에서

회화 1 신입직원에게 매장 소개하기

매니저: 여러분 안녕하세요! 우리 면세점 직원이 되신 것을 환영합니다. 저는 매니저이고, 이름이 김지혜입니다.

신입직원: 매니저님, 안녕하세요. 여기서 근무할 수 있어서 무척 기쁩니다. 열심히 하겠습니다.

매니저: 오늘 첫 출근이라서 근무환경에 익숙해졌으면 좋겠네요.

신입직원: 우리 매장은 몇 층에 있습니까?

매니저: 면세구역 모두 3층 탑승동에 있습니다.

신입직원: 구체적인 위치는 어떻게 되나요?

매니저: 자, 보세요. 엘리베이터의 오른쪽은 롯데면세점이고, 왼쪽은 신라면 세점, 그 옆은 한국관광공사 면세점입니다.

신입직원: 면세점이 말고 다른 부대시설이 있습니까?

매니저: 당연히 있습니다. 면세점 말고 편의점, 패스트푸드점, 은행, 안내소 등이 있습니다.

신입직원: 중국 관광객이 무엇을 제일 좋아합니까?

매니저: 뭐니 뭐니 해도 화장품입니다. 또한, 가방과 의류도 인기가 많습니다. 그리고 한국의 인삼제품과 주방용품도 잘 팔립니다.

신입직원: 매장이 정말 많고 크네요.

매니저: 한국면세산업이 전 세계 1위를 차지하고 있지요.

회화 2 공항 안내소

중국여행객: 안녕하세요! 저는 시내에서 산 면세상품을 어디에서 수령하는지 알고 싶어요.

안내소직원: 여권과 교환권을 보여 주세요.
시내 면세점 이외에 다른 곳에서도 상품을 구입했습니까?

중국여행객: 저는 사지 않았고, 친구가 많이 샀는데 여기서 처리가 가능합니까?

안내소직원: 죄송하지만 여기는 안내소라 처리가 되지 않습니다.
저희는 면세상품을 수령하는 곳이고, 세금을 돌려받는 곳은 따로 있습니다.

중국여행객: 제가 구체적인 위치를 잘 모릅니다.

안내소직원: 여기 세금을 환급받는 곳이 모두 3 군데가 있습니다. 하나는 대합실 3층 세관 신고처 부근에 있고, 4층의 26번과 27 번 케이트 근처에도 하나가 있고, 또 하나는 탑승동 중앙 약국 옆 에 있습니다.

중국여행객: 너무 귀찮네요. 오래 걸리나요?

안내소직원: 알리페이로 세금을 돌려받을 수도 있습니다. 간단하고 편리합니다. 그리고 줄을 설 필요도 없습니다.

중국여행객: 왜 시내 면세점에서 산 물건을 당장 못 가지고 갑니까?

안내소직원: 한국 세관법 규정에 의하여 외국인이 시내 면세점에서 상품을 구입하고 공항에서 수령해야 하는데, 특산품은 상관없습니다.

중국여행객: 그러면 저는 어디 가서 수령해야 합니까?

안내소직원: 항공편을 봐야 합니다. 수령 장소 다 다릅니다.

제4과 시내면세점에서

회화 1 신입직원 교육

매니저: 여러분 안녕하세요. 시내 면세점 직원이 되신 것을 환영합니다. 저는 매니저 김지혜입니다. 여러분의 교육을 담당합니다.

신입직원: 매니저님 안녕하세요. 잘 부탁드립니다.

매니저: 오늘부터 여러분은 저와 함께 각 매장의 특징과 유형을 이해하고 판매상황을 잘 파악해서 앞으로 근무를 잘 할 수 있도록 하겠습니다.

신입직원: 우리 매장은 백화점의 몇 층에 있습니까?

매니저: 9층부터 12층까지 다 우리 매장입니다.
전 세계 유명한 브랜드가 거의 다 있습니다.

신입직원: 우리 면세점은 공항에도 있다고 들었습니다.

매니저: 저희 면세점의 본사가 명동에 있고, 공항 제1터미널하고 제2터미널 에는 지점이 있습니다. 또한 COEX점, 월드타운점, 부산점, 김포점, 제주점도 있습니다.

신입직원: 와! 정말 많구나!

매니저: 저희의 주 고객은 중국고객입니다.

신입직원: 중국어를 잘 배워야겠네요. 그렇지 않으면 근무를 못하겠네요.

매니저: 맞습니다. 그래서 우리 면세점의 매장 직원들이 중국어를 잘 할뿐만 아니라 층마다 쇼핑 도우미들의 중국어 실력도 매우 탁월합니다.

신입직원: 층마다 쇼핑 도우미 있다고요?

매니저: 중국 고객들이 편리를 위해서 있습니다.

신입직원: 또 주의사항은 뭐가 있습니까?

매니저: 상품에 대해 자세하게 알아야 하고 중국 고객들의 소비 습관도 파악해야 합니다.

회화 2 시내면세점에서 환전하기

중국관광객: 실례합니다. 여기 환전할 수 있습니까?

환전소직원: 환전할 수 있습니다. 한국 돈으로 환전하십니까?
얼마나 환전하십니까?

중국관광객: 맞습니다. 한국 돈으로 100만원 환전합니다.

환전소직원: 여권 좀 제시해 주세요.

중국관광객: 오늘 환율이 어떻게 됩니까?

환전소직원: 1대 172。오늘 환율에 따라 중국 돈 6천97원입니다.

중국관광객: 알겠습니다. 여기 6천백원입니다.

환전소직원: 어떻게 바꿔드릴까요?

중국관광객: 5만원권 10장과 만원권 50장으로 바꿔 주세요.

환전소직원: 다 됐습니다. 확인해 보세요.

중국관광객: 감사합니다.

제5과 명동에서

회화 1 쇼핑천국 명동

중국관광객: 실례합니다. 이 호텔 근처에 쇼핑할 곳이 있습니까?

가이드: 당연히 있죠. 보세요. 우리 호텔 옆에 바로 명동입니다.

중국관광객: 인터넷에서 쇼핑천국이라고 하더군요.

가이드: 맞습니다. 한국에 왔는데 명동 안 가시면 한국에 왔다고 할 수 없죠.

중국관광객: 거기는 모두 화장품이 파는데 아닌가요?

가이드: 아닙니다. 화장품뿐만 아니라 의류, 가방, 신발, 액세서리 등 다 있습니다.

중국관광객: 저는 화장품을 가장 사고 싶어요.
제 것과 저희 가족 것을 사고 싶어요.

가이드: 롯데 면세점의 본사가 명동에 있어요, 9층과 10층은 달러 정가제 판매하고 있어서 때로는 전문매장보다 더 저렴합니다.

중국관광객: 저는 한국이 처음이라서 어디에 가서 사야할지 모르겠어요.

가이드: 그렇다면 올리브 영과 아리다움에 한번 가보세요.

중국관광객: 전문매장은 세금을 돌려받는 것이 복잡하니까 아무래도 큰 매장을 가는 것이 좋겠네요.

가이드: 그런 걱정은 안 하셔도 됩니다. 3만원이상 구매하시면 모두 다 돌려받을 수 있습니다.

중국관광객: 매장에서요? 공항에 안 가도 됩니까?

가이드: 세금을 돌려받고 할인 행사도 많고, 게다가 할인쿠폰과 상품권도 사용 가능합니다.

중국관광객: 듣자하니, 한국 마스크 팩이 아주 유명하다고 합니다. 가격도 저렴하고 품질도 좋은 것 같아요.

가이드: 그렇다면 화장품랜드 21에 한 번 가 보세요.

중국관광객: 많은 것을 알려주셔서 감사합니다.

회화 2 명동 길거리 음식

호텔직원: 밤에 명동에 가시면 길거리 음식을 한 번 드셔 보세요.

중국관광객: 그래요? 맛있는 것이 무엇이 있나요?

호텔직원: 한국의 길거리 음식은 모두 있다고 해도 됩니다. 혹시 떡볶이 들어 보셨나요?

중국관광객: 유감스럽게도 저는 매운 것 잘 못 먹습니다.

호텔직원: 괜찮습니다. 떡볶이 판매하는 곳에 대부분 어묵과 순대도 팝니다.

중국관광객: 제 친구가 오징어 구이와 호떡이 맛있다고 합니다.

호텔직원: 맞습니다. 지금 겨울이라 사람들이 따끈따끈한 호떡을 많이 좋아합니다.

호텔직원: 식사 하시려면 포장마차 가 보세요. 싸고 실속이 있습니다.

중국관광객: 감사합니다.

제6과 동대문에서

회화 1 동대문 어떻게 가야 합니까?

중국관광객: 쇼핑하러 동대문 가려고 하는데 어떻게 가야 합니까?

한국 친구: 서울 지하철 노선도가 있나요? 세 정거장을 가면 됩니다.

중국관광객: 있기는 한데 지하철을 어떻게 타야 할지 모르겠습니다.

한국 친구: 택시를 타도 됩니다.

중국관광객: 택시는 비싼가요? 얼마정도 나옵니까?

한국 친구: 안 비싸요. 한국 돈 약 4천원 정도입니다.

관광객: 거기에서 무엇을 파는지 알고 싶습니다.

한국 친구: 의류, 신발, 모자 등 물건이 좋고 가격도 저렴합니다.

중국관광객: 듣자하니, 도매 시장은 밤새도록 판매를 한다고 하네요.

한국 친구: 맞습니다. 그래서 우리가 쇼핑불야성이라고 부릅니다.

중국관광객: 쇼핑할 만한 장소 좀 추천해 주세요.

한국 친구: 두타에 한 번 가 보세요. 거기는 동대문에서 가장 크고 인기가 제일 많은 의류매장입니다.

중국관광객: 거기에서 세금 돌려받을 수 있습니까?

한국 친구: 세금 돌려받는 카운터는 지하 2층하고 지상 5층에 다 있습니다. 거기는 환전도 가능합니다.

중국관광객: 감사합니다.

회화 2 의류 구매

판매원: 들어오셔서 한 번 보세요. 마음에 드시면 한 번 입어 봐도 됩니다.

손님: 이 블라우스 한 번 입어 보고 싶습니다.

판매원: 탈의실이 거기 있습니다.
조금 작아 보이네요. 평소에 어떤 사이즈 입으세요?

손님: 저는 라이지 사이즈입니다.

판매원: 어쩐지, 이것은 미디엄 사이즈입니다.

판매원: 이것은 라이지입니다. 한 번 더 입어 보세요.

손님: 디자인은 좋은데 색깔이 좀 어둡네요.

판매원: 그렇다면 베이지색 한 번 입어 보세요. 유행색이 아니지만 쉽게 유행 지나지도 않습니다.

손님: 이것은 안에만 입나요?

판매원: 지금 하나만 입으시고, 날씨가 추워지면 위에다 트렌치코트 하나 걸치시면 최고지요.

손님: 어떤 바지와 어울립니까?

판매원: 정장 바지도 좋고, 개주얼 바지도 좋습니다.
고객님, 이 스카프 좀 보세요. 어떻습니까?
이 블라우스와 정말 잘 어울립니다. 같이 하면 너무 기품이 있어 보이네요.

손님: 세탁기로 세탁해도 됩니까?

판매원: 세탁기로 해도 되지만 아무래도 손빨래가 더 좋습니다.
아, 실크 제품 교환이나 환불이 안 되니까 잘 보세요.

손님: 저 정말 몰랐네요.

판매원: 공장에서 나올 때 몇 번씩 검사를 받는데, 검사가 매우 엄격해요.

손님: 좋습니다. 스카프하고 블라우스 모두 주세요.

제7과 기초화장품

회화 1 화장품기초세트

판매원: 어서오세요.

손님: 기초 화장품을 사고 싶은데 어떤 것 좋을지 모르겠습니다.

판매원: 고객님이 쓰실 건가요? 아니면 선물용인가요?

손님: 제가 쓸 것을 사려고 합니다.

판매원: 이것 한번 테스트 해 보세요. 이것은 우리 매장에서 제일 잘 나가는 제품입니다.

손님: 제 피부는 좀 건조한 편이고, 주름도 좀 있습니다.

판매원: 그러면 이것 하세요. 보습도 되고 주름 제거도 됩니다.

손님: 에센스는 어떤 것 좋아요? 저는 기미 좀 많습니다.

판매원: 이것은 기미 제거할 뿐만 아니라 모공도 작아집니다.

손님: 이것은 무엇인가요?

판매원: 이것은 나이트 크림입니다. 에센스하고 같은 라인입니다. 같이 사용하시면 효과가 더 좋습니다.

손님: 그러면 두 세트 주세요. 유통기한은요?

판매원: 개봉하지 않으면 3년이고, 개봉하면 6개월 안으로 사용하는 게 좋습니다.

판매원: 또 필요하신 것 없으세요?

손님: 저는 썬크림도 사고 싶어요. 한국 사람들이 다 쓴다고 하네요.

판매원: 맞습니다. 썬 크림 일년 365일 다 써야 합니다. 그래야 노화 방지가 됩니다.

손님: 보아하니 정말 중요하네요!

판매원: 이것은 샘플입니다. 잘 챙기세요.

판매원: 이쪽에서 결제해드릴게요. 여권과 탑승권을 제시해 주세요.

판매원: 현금이신가요, 카드로 결제하시나요?

손님: 알리페이로 해도 됩니까?

판매원: 당연히 됩니다. 현금, 신용카드, 알리페이, 위챗페이 다 됩니다.
이것은 영수증입니다. 잘 챙기세요.
다음에 또 오세요.

회화 2 BB크림, 에어쿠션, 마스크 팩

판매원: 어서 오세요. 편하게 구경하세요.
죄송합니다. 사람이 너무 많아서 오래 기다리게 했습니다.

손님: 저 BB크림하고 에어쿠션을 좀 보고 싶습니다.

판매원: 이것은 새 제품입니다. 한 번 테스트 해 보세요.

손님: 저는 화장 잘하지 않는데, 좀 골라주세요.

판매원: 이 BB크림이 번들거리지 않고 아주 상쾌합니다.
그리고 이 에어쿠션이 에센스를 함유돼서 아주 촉촉합니다.

손님: 제 피부는 어두운 편이고, 게다가 주근깨도 있습니다. 어떤 것이 적합합니까?

판매원: 그렇다면 파운데이션을 쓰세요. 커버 효과가 더 좋습니다.

판매원: 이것은 23호입니다. 고객님의 피부와 맞을 겁니다.

손님: 좀 질이 좋은 파우더가 있습니까?

판매원: 이것은 펄이 있어서 피부가 되게 생기 있어 보이고 윤기가 납니다.

손님: 그러면 두 개 주세요.

판매원: 우리 매장에서 지금 마스크 팩 행사 중인데, 좀 보실래요?

손님: 그렇지 않아도 마스크 팩을 사고 싶었습니다.

판매원: 이쪽으로 오세요. 여기 다 마스크 팩입니다.
미백 팩, 보습 팩, 주름 제거 팩이 다 있습니다.

손님: 매일 붙여도 됩니까?

판매원: 그러면 좋지요. 고객님, 혹시 못 들었습니까?
유명한 스타들이 다 1일 1팩이랍니다.

손님: 그럼 좀 많이 주세요.

판매원: 이것은 하나에 10장씩 들어있습니다. 영양 팩, 보습 팩, 주름 제거팩, 미백 팩 두 개씩 드릴까요?

손님: 좋습니다. 아까 것과 같이 결제해 주세요.

판매원: 저를 따라 오세요. 10만원 넘어서 증정품이 있습니다.

손님: 친절하게 대해주셔서 감사합니다.

제8과 색조화장품

회화

판매원: 디올 매장 오신 것을 환영합니다.

판매원: 뭘 도와드릴까요?

손님: 색조 화장품 좀 보려고요.

판매원: 저 따라 오세요.

판매원: 설명해 드릴까요?

손님: 저 평소에 화장을 잘 안 해서 설명을 좀 부탁드립니다.

판매원: 아이브로펜슬, 아이섀도, 마스카라, 아이 라이너, 볼터치, 립글로스 다 있습니다.

손님: 저는 좀 자연스러운 아이섀도 세트를 사고 싶은데요.

판매원: 이것은 디올 오색 아이섀도인데 반짝이며 빛납니다.

손님: 마스카라는 어디에 있습니까?

판매원: 이것은 디올 마스카라인데, 자연스럽게 올라가는 것이 있고, 좀 풍성스럽고 볼륨이 있는 것도 있구요, 또 속눈썹을 길게 만든 것도 있습니다.

손님: 저는 속눈썹을 길게 만든 게 좋아요. 그리고 방수 기능이 있으면 더욱 좋습니다.

판매원: 이것은 방수 기능이 있습니다. 속눈썹이 한 올 한 올 올라가서 너무 예쁩니다.

손님: 립글로스의 색깔도 너무 다양하네요.

판매원: 디올의 립글로스는 입술을 촉촉하게 만드는 오일이 함유되어 있어서 입술이 매우 윤기가 있어 보입니다.

손님: 검정색 아이브로펜슬과 아이라이너 하나씩 주세요.

판매원: 아이브로펜슬도 있고 브라운카라도 있습니다.
이 브라운 색이 아주 좋습니다.

손님: 브라운카라가 뭡니까? 처음 들어보네요.

판매원: 마스카라와 비슷한 것입니다. 눈썹 위에다 바르면 됩니다.
아주 편리합니다.

손님: 저는 그래도 검정색 더 좋습니다.

판매원: 이 아이라이너는 경사면 펜촉을 쌍으로 사용하게 되어 있어서 아이라인을 그릴 때 아주 쉽습니다.

손님: 그럼 하나만 주세요. 화장하는 것만 사면 안 되고 화장 지운 것도 사야 합니다.

판매원: 이 크린징 폼과 크린징 오일 다 좋습니다.

손님: 그럼 하나씩 주세요.

판매원: 볼터치 하나 더 사세요. 볼터치 하면 피부가 좀 생기 있어 보입니다.

손님: 이것 질감이 아주 좋아 보이네요. 이것으로 주세요.

판매원: 죄송하지만, 디올 회원이십니까? 회원카드 있으시면 할인됩니다.

손님: 아닙니다. 저는 회원카드 없습니다.

판매원: 그러면 제가 하나 신청해 드릴게요. 전 세계 디올 매장 다 사용 가능하십니다. 온라인 매장에서도 사용가능하십니다.

손님: 너무 잘 됐습니다. 빨리 하나 신청해 주세요.

판매원: 여기에다 고객님의 개인 정보를 좀 기입해 주세요.

제9과 가방

회화

판매원: 루이뷔통 매장에 오신 것을 환영합니다.

판매원: 핸드백을 보실 건가요?

손님: 여성용 핸드백을 사려고 합니다.

판매원: 언제 쓰실 건가요?

손님: 출근할 때 가지고 다니려고 실용적인 것 좋겠습니다.

판매원: 그럼 이 중간 사이즈 한번 보세요. 클래식 스타일인데 사계절 다쓰실 수 있습니다.

손님: 진짜 가죽인가요? 아니면 인조 가죽인가요?

판매원: 이것은 루이비통의 특유한 재료를 가공해서 만들어 낸 캔버스 재질입니다.

손님: 그래도 저는 진짜 가죽이 더 좋습니다.

판매원: 이 재질의 가방은 오래 사용해도 변질과 변색이 없으니까 진짜 가죽보다 관리하기가 쉽습니다.

판매원: 마음에 드시면 한번 들어보세요.

손님: 거울이 어디 있습니까?

판매원: 여기에 있습니다. 보는 것하고 드는 것하고 느낌 다르시죠?

손님: 괜찮네요. 이 스타일 색상이 몇 가지 있습니까?

판매원: 브라운 색과 검정색하고 두 가지 색상이 있습니다.

손님: 검정 가방이 몇 개 있으니까 브라운 색 좀 줘 보세요.

판매원: 이 가방을 드니까 고객님이 너무 기품이 있어 보입니다.

손님: 죄송하지만 검정색도 한 번 메 볼게요.

판매원: 괜찮습니다. 물건을 살 때 꼼꼼하게 고르셔야죠.

손님: 메어 보니까 브라운 더 좋습니다. 어떻게 손질을 해야 됩니까?

판매원: 더러우면 부드러운 천이나 물티슈로 살살 닦아내면 됩니다.

손님: 그런데 그렇게 쉽게 때가 타지 않을 것 같습니다.

판매원: 맞습니다. 드실 때 좀 조심하면 될 겁니다.

손님: 안에도 한번 보여 주세요.

판매원: 지퍼가 하나 있고 작은 포켓도 두 개 있습니다.

손님: 이 가방과 색상이 같은 지갑이 있습니까?

판매원: 이것 한 번 보세요. 색상과 무늬랑 같습니다.

손님: 너무 잘 됐네요. 한 세트처럼 보입니다.

판매원: 고객님이 정말 안목이 있으시네요.

손님: 혹시 할인이 안 됩니까?

판매원: 정말 죄송하지만 저희는 할인 행사가 진행되지 않는 브랜드 입니다.

손님: 보증서는 어디에 있습니까?

판매원: 보증서과 더스트백 포장 다 했습니다.

손님: 중국에서 A/S 됩니까?

판매원: 제가 알기로는 중국 내에 전문매장이 여러 군데 있습니다. 하얼빈, 대련, 청도, 항주, 닝보, 우한, 충경, 광동에 다 있습니다.
그리고 2018년 7월 15일부터, 중국 정부 인정한 온라인 매장도 영업을 시작했습니다.

제10과 구두

회화

판매원: 버버리 매장 오신 것을 환영합니다.

판매원: 구두를 보십니까? 사이즈가 어떻게 되십니까?

손님: 맞습니다. 저는 겨울에 신는 앵클부츠를 하나 구입하고 싶습니다.

판매원: 신상 나왔습니다. 지금 선택하는 절호의찬스입니다.

손님: 저는 신상 사고 싶었습니다. 중국사이즈 38입니다.

판매원: 이 스타일 한 번 보세요. 부드러운 가죽을 선택해서 버버리의 로고 무늬도 같이 들었습니다.

손님: 소가죽인가요? 아니면 양가죽인가요?

판매원: 신발 겉면은 송아지 가죽이 60%를 차지하고 나머지 40%는 면입니다. 그리고 안감도 100% 송아지 가죽으로 돼 있어서 신어 보면 아주 편안합니다.

손님: 신발 밑창은요?

판매원: 밑창은 60%는 고무이고, 40%는 가죽입니다. 겨울 미끄러움이 방지 다자인입니다.

손님: 이것 좋습니다. 어떤 옷하고 같이 코디해야 됩니까?

판매원: 그냥 정장도 되고, 치마 정장도 됩니다.

손님: 굽이 어떻게 됩니까?

판매원: 7센티입니다. 높지도 않고 낮지도 않아서 딱 좋습니다.

판매원: 또 필요한 것 없습니까?

손님: 평소에 신는 캐주얼 신발도 하나 사고 싶습니다.

판매원: 그럼 이 디자인 한번 보세요. 클래식한 스타일의 편한 신발.

손님: 보니까, 그렇게 유행하는 디자인 아니네요.

판매원: 맞습니다. 이 디자인은 60, 70 년대 의 복고풍 스타일입니다.

손님: 100% 소가죽인가요?

판매원: 보세요. 이 신발은 100% 송아지 가죽입니다. 아주 부드럽고 신어 보면 아주 편하고 산책이나 돌아다닐 때 아무 문제가 없습니다.

손님: 저 장식이 뭡니까?

판매원: 이것은 구리입니다.

판매원: 한 번 더 보세요. 신발 끈이 없어서 신고 벗고 아주 편합니다. 게다가 모든 옷하고 가방 다 잘 어울립니다.

손님: 두 켤레 다 주세요.

판매원: 앵클부츠는 6천 9백 위안, 편한 캐주얼 신발은 5천 7백 위안 입니다.
모두 만 2천 6백 위안입니다.

제11과 담배와 술

회화

판매원: 안녕하세요. 술을 보세요? 아니면 담배 보세요?

판매원: 제가 좀 추천해 드릴까요?

손님: 담배와 술을 다 사고 싶습니다.

판매원: 한번 보세요. 이쪽 담배이고 저쪽 술입니다.

손님: 유럽과 미국 것 말고 중국 것과 한국 것 사고 싶습니다.

판매원: 그럼 저 따라 오세요.

판매원: 천천히 구경하세요.

손님: 중화 담배 두 보루 주세요.

판매원: 정말 죄송합니다. 한 사람당 한 보루 구입 못합니다.

손님: 진짜? 저는 사고 싶은 대로 사는 줄 알았습니다.

판매원: 이것은 세관의 규정입니다.

손님: 방법이 없네요. 하나만 주세요.

손님: 술은요? 설마 한 사람당 한 병 아니죠?

판매원: 담배 같이 구매 제한이 있습니다.
한 사람당 두 병, 1.5리터 이하라야 합니다.

손님: 그러면 와인을 안 살래요. 어차피 중국도 와인 많이 팝니다.

손님: 한국 술을 좀 추천해 주세요.

판매원: 혹시 복분자 술을 들어 보셨습니까?

판매원: 오늘 행사하니까 무료 시음합니다.

손님: 술이 왜 단 맛이 납니까?

판매원: 복분자 과일로 만든 과일주니까 단맛이 납니다.

손님: 이 술의 도수가 많이 낮습니까?

판매원: 대략 12도 정도입니다. 자극성이 적어서 여성이나 중년, 노년 등 많은 분들이 선호합니다.

손님: 그럼 한 병만 주세요.

판매원: 이 작은 것은 무료증정입니다. 한 번 맛을 보세요.
한국의 막걸리입니다. 다음에 기회가 되면 구매하세요.

손님: 원 플러스 원 아닙니까?

판매원: 복분자는 고객님이 사신 것이고 작은 병의 막걸리는 증정품 입니다.

손님: 아, 그렇구나!

제12과 고객환송

회화

판매원: 손님, 혹시 저희 브랜드 회원이십니까?

손님: 아니요, 회원이 아닙니다. 회원할인이 됩니까?

판매원: 회원으로 가입하시면, 오늘부터 회원가격으로 할인받을 수 있으며, 결재금액이 적립되어 현금처럼 사용이 가능합니다.

손님: 다른 혜택은 또 무엇이 있습니까?

판매원: 회원으로 가입하시면 저희 브랜드 세일이나 이벤트에 대한 정보와 회원님의 생일이 있는 달에는 추가 할인 혜택이 제공됩니다.

손님: 네, 회원 가입을 하겠습니다.

판매원: 손님, 혹시 스마트폰으로 저희 브랜드 어플리케이션을 다운받으시겠습니까? 스마트폰으로 어플리케이션 다운받아 가입하시면 더욱 다양한 정보를 제공받으실 수 있습니다. 여기 어플리케이션 가입에 대한 안내서입니다.

손님: 아. 좋습니다. 잠깐만 기다려주세요.

손님: (스마트폰으로 가입을 마치고) 가입하였습니다.

판매원: 네, 확인되었습니다.

손님께서 오늘 구입하신 제품에 대해 회원가로 할인이 적용됩니다. 여기에 어플케이션 가입회원으로 5% 추가 할인이 되었습니다.

손님: 아. 감사합니다.

판매원: 전체 구입 제품과 가격을 다시 한 번 확인해주십시오.

손님: 네, 제품과 가격 모두 확인했습니다.

판매원: 구입하신 제품의 A/S 및 기타 문의 사항은 가입하신 어플리케이션을 통해 상담이 가능합니다.

손님: 네, 잘 알겠습니다.

판매원: 결재는 어떻게 하시겠습니까?

손님: 카드로 3개월 할부로 하겠습니다.

판매원: 여기에 서명해주십시오. 결재되었습니다.
여기 카드와 영수증입니다.
(제품을 봉투에 담아주면서) 여기 구입하신 제품입니다.

손님: 네, 감사합니다.

판매원: 손님, 방문해주셔서 감사드립니다.
다음에 다시 찾아와 주십시오. 안녕히 가십시오.

손님: 안녕히 계십시오.

중국어 연습문제 답안

제2과 고객응대

一. 문형연습 생략

二. 1. 卖场 2. 帮忙 3. 随时 4. 打折 5. 护照, 登机牌 6. 跟团, 个人 7. 汇率 8. 签字 9. 退换 10.登机口

三.

중국어	중국어 발음과 성조	한국어 뜻
第一次	dì yí cì	처음
回国日期	huí guó rì qī	출국일
结帐	jié zhàng	계산하다
信用卡	xìn yòng kǎ	신용카드
电话号码	diàn huà hào mǎ	전화번호
眼光	yuǎn guāng	안목
新款	xīn kuǎn	새 스타일
人气商品	rén qì shāng pǐn	인기상품
祝	zhù	기원하다
往前走	wǎng qián zǒu	앞으로 가다

四. 1. 您好! 欢迎光临我们卖场。
2. 请跟我来。
3. 您自己用还是送人?

4. 有喜欢的吗?
5. 您用现金还是信用卡?
6. 这是收据，别弄丢了。
7. 拿好东西，请慢走。
8. 欢迎下次再来。
9. 祝您旅行愉快!
10. 登机口一直往前走就到了。

제3과 공항면세점에서

一. 문형연습 생략

二. 1. 熟悉 2. 几层 3. 什么产品 4. 化妆品 5. 销售额 6. 免税商品 7. 办理 8. 当场 9. 必须 10. 取货

三.

중국어	중국어 발음과 성조	한국어 뜻
区域	qū yù	구역
便利设施	biàn lì shè shī	부대시설
咨询处	zī xún chù	안내소
海关	hǎi guān	세관
候机厅	hòu jī tīng	대합실
眼光	yǎn guāng	안목
旁边	páng biān	옆
搭乘洞	dā chéng dòng	탑승동
排队	pái duì	줄을 서다
拿走	ná zǒu	가지고 가다

四. 1. 欢迎大家成为我们免税店的一员。
2. 很高兴能在这里工作。
3. 电梯的右边就是乐天免税店。
4. 韩国的皮包和服装也很受欢迎。
5. 卖场真是大啊!
6. 这儿是咨询处。
7. 还要等很长时间吧?
8. 您也可以用支付宝退税。
9. 我去哪儿取货呢?
10. 要看您的具体航班。

제4과 시내면세점에서

一. 문형연습 생략

二. 1. 负责 2. 应有尽有 3. 听说 4. 中国游客 5. 导购
6. 了如指掌，消费习惯 7. 换钱 8. 按 9. 面值 10. 数

三.

중국어	중국어 발음과 성조	한국어 뜻
特征	tè zhēng	특징
培训	péi xùn	교육을 받다.
指教	zhǐ jiào	가르치다
流利	liú lì	유창하다
参观	cān guān	견학하다
类型	lèi xíng	유형
为了	wèi le	~하기 위해
注意事项	zhù yì shì xiàng	주의사항
分店	fēn diàn	지점
以便	yǐ biàn	하도록~

四. 1. 以后请多多指教。
2. 熟悉销售情况以便以后工作。
3. 我们免税店的总店在明洞。
4. 仁川机场一航站楼和二航站楼都有我们的分店。
5. 那要把汉语学好了，不然没法工作了。
6. 你说得对。
7. 就是为了方便中国游客购物。
8. 您是要换韩币吗?
9. 换多少?
10. 十张五万的，五十张一万的。

제5과 명동에서

一. 문형연습 생략

二. 1. 附近 2. 旁边 3. 定价 4. 不知道 5. 建议 6. 退税
7. 街头小吃 8. 听说 9. 很遗憾 10. 烤鱿鱼

三.

중국어	중국어 발음과 성조	한국어 뜻
价格	jià gé	가격
满	mǎn	꽉 채우다
天堂	tiān táng	천국
网上	wǎng shàng	인터넷
优惠券	yōu huì quàn	할인권
质量	zhì liàng	품질
专卖店	zhuān mài diàn	전문점
代金券	dài jīn quàn	상품권
炒辣年糕	chǎo là nián gāo	떡볶이
担心	dān xīn	걱정하다

四. 1. 对不起，我问您一下儿。
2. 那儿都是卖化妆品的吧?
3. 不仅有化妆品，也有衣服，包儿，鞋，首饰什么的。
4. 当场退税吗? 不用去机场?
5. 要学好汉语，不然没法工作。
6. 有很多打折活动和优惠券、代金券。
7. 谢谢你告诉我这么多!
8. 有什么好吃的?
9. 卖炒辣年糕的地方，大部分都卖鱼板和血米肠。
10. 你们几个想吃饭的话，可以去大排档，便宜又实惠。

제6과 동대문에서

一. 문형연습 생략

二. 1. 地铁图 2. 出租车 3. 物美价廉 4. 服饰商场 5. 女式衬衫
6. 试衣间 7. 气质 8. 洗衣机 9. 手洗 10. 丝织品

三.

중국어	중국어 발음과 성조	한국어 뜻
试衣间	shì yī jiān	탈의실
批发街	pī fā jiē	도매시장
不夜城	bù yè chéng	불야성
营业	yíng yè	영업하다
丝巾	sī jīn	스카프
过时	guò shí	유형이 지나다
柜台	guì tái	카운터
风衣	fēng yī	외투
衬衣	chèn yī	블라우스
绝配	jué pèi	제격이다

四. 1. 听说东大门从晚上营业到清晨。
2. 那有什么推荐的购物地点吗?
3. 喜欢的话，可以试穿一下儿。
4. 您平时穿多大的?
5. 颜色深了点儿。
6. 这个只能穿在外套里边儿吗?
7. 您看看这条丝巾怎么样?
8. 我还真不知道。
9. 其实出厂前检查好几遍，很严格的。
10. 衬衫和丝巾我都要了。

제7과 기초화장품

一. 문형연습 생략

二. 1. 合适 2. 收缩毛孔 3. 效果 4. 用完 5. 防晒霜 6. 小样 7. 精华液 8. 遮盖 9. 搞活动 10. 赠品

三.

중국어	중국어 발음과 성조	한국어 뜻
保质期	bǎo zhì qī	유통기한
小样	xiǎo yàng	견본
防止	fáng zhǐ	방지, 막다
新产品	xīn chǎn pǐn	신제품
气垫粉底	qì diàn fěn dǐ	에어쿠션
滋润	zī rùn	촉촉하다
珠光	zhū guāng	펄
艳丽	yàn lì	화려하다
BB霜	bìbìshuāng	BB크림
光泽	guāngzé	윤기

四. 1. 这是我们卖场卖得最好的。
2. 精华液哪种好? 我巧斑多。
3. 这是晚霜，和精华液是一套。
4. 您还要别的吗?
5. 看来真的很重要。
6. 对不起，让您久等了。
7. 这是新产品，您试试。
8. 美白的、保湿的、除皱的都有。
9. 明星们都是一天一贴。
10. 一起结帐吧!

제8과 색조화장품

一. 문형연습 생략

二. 1. 眼影 2. 防水功能 3. 唇彩 4. 眉笔, 眼线笔 5. 眉毛膏 6. 卸妆
7. 洗面奶 8. 会员卡 9. 申请 10. 填写

三.

중국어	중국어 발음과 성조	한국어 뜻
彩妆	cǎi zhuāng	색조 메이크업
说明	shuō míng	설명, 설명하다
腮红	sāi hóng	볼터치
卷翘	juǎn qiào	말이며 올리다
气垫粉底	qì diàn fěn dǐ	에어쿠션
套装	tào zhuāng	세트
官方网站	guān fāng wǎng zhàn	공식 사이트
活力	huólì	활력, 생기
水润	shuǐ rùn	물광
信息	xìn xī	정보

四. 1. 请跟我来。
2. 您需要哪种?
3. 唇彩的颜色很多啊!
4. 我还是喜欢黑色的。
5. 那就一样来一个吧。
6. 涂腮红的话，显得皮肤有活力。
7. 这是新产品，您试试。
8. 请问，您是迪奥会员吗?
9. 对不起，我没有会员卡。
10. 帮我申请一张吧!

제9과 가방

一. 문형연습 생략

二. 1. 实用 2. 拎3. 颜色 4. 精挑细选 5. 擦拭 6. 隔层
7.花纹 8. 防尘袋 9. 售后服务 10. 开始营业

三.

중국어	중국어 발음과 성조	한국어 뜻
手提袋	shǒu tí dài	핸드백
经典	jīng diǎn	전형적, 전통적
保养	bǎo yǎng	손질하다, 관리하다
经久耐用	jīng jiǔ nài yòng	오래도록 쓸 수 있다.
打理	dǎ lǐ	관리하다
帆布	fán bù	캔퍼스
据我所知	jū wǒ suǒ zhī	내가 알기로는
线上	xiàn shàng	온라인
保修卡	bǎo xiū kǎ	보증서
旗舰店	qí jiàn diàn	플래그 숍

四. 1. 我想买女式手袋。
2. 您打算买什么时候用的?
3. 四季都能用。
4. 真皮的吗?
5. 真的好打理。
6. 镜子在哪儿?
7. 一共两种颜色。
8. 您真有眼光。
9. 我们不打折。
10. 中国国内也有旗舰店。

제10과 구두

一. 문형연습 생략

二. (复古风格 新款上市 防滑设计 百分百 时尚 踝靴 百搭 休闲 配 号)
1. 踝靴 2. 号 3. 新款上市 4. 配 5. 防滑设计 6. 休闲
7. 时尚 8. 复古风格 9. 百分百 10. 百搭

三.

중국어	중국어 발음과 성조	한국어 뜻
皮鞋	pí xié	구두
鞋面	xié miàn	신발의 겉면
精选	jīng xuǎn	세심하게 고르다
舒服	shūfú	편하다
散步	sàn bù	산책하다
小牛皮	xiǎo niú pí	송아지 가죽
套穿	tào chuān	덧신다
装饰	zhuāng shì	장식(품)
内衬	nèi chèn	안감
百搭	bǎi dā	아무거나 잘 어울리다.

四. 1. 看皮鞋吗?

2. 我穿38号的。

3. 牛皮的，羊皮的?

4. 这跟儿多高?

5. 不高也不矮，正好。

6. 您要不要看看别的?

7. 我想买双平时穿的。

8. 百分百的小牛皮。

9. 散步，逛街穿都没问题。

10. 这两双都要了。

제11과 담배와 술

一. 문형연습 생략

二. 1. 名烟，名酒 2. 欧美 3. 限购 4. 1.5升 5. 以为 6. 免费品尝
7. 覆盆子 8. 刺激性 9. 买一送一 10. 原来

三.

중국어	중국어 발음과 성조	한국어 뜻
升	shēng	리터
以下	yǐ xià	이하
中华烟	zhōng huá yān	중화담배
限购	xiàn gòu	구매를 제한하다
葡萄酒	pú táo jiǔ	포도주
度数	dù shù	도수
果酒	guǒ jiǔ	과일주
品尝	pǐn cháng	맛 보다
米酒	mǐ jiǔ	막걸리
覆盆子	fù pén zi	복분자

四. 1. 您想买烟还是酒?
2. 来一条烟。
3. 酒每人限购两瓶。
4. 酒有甜味。
5. 酒的度数很低吧?
6. 很受女性和中老年人欢迎。

7. 这个小瓶是韩国米酒。

8. 今天搞活动，可以免费品尝。

9. 下次有机会您再买。

10. 原来是这样!

제12과 고객환송

一. 문형연습 생략

二. 1. 品牌 2. 享受 3. 下载 4. 一律 5. 确认 6. 其他事项
7. 结帐 8. 分期付款 9. 签名 10. 卡

三.

중국어	중국어 발음과 성조	한국어 뜻
会员	huì yuán	회원
优惠	yōu huì	혜택
享受	xiáng shòu	누리다
积分	jī fēn	포인트 적립
信息	xìn xī	소식, 정보
全部	quán bù	전부
下载	xià zǎi	다운로드
咨询	zī xún	자문하다
通过	tōng guò	통과하다
分期付款	fēn qī fù kuǎn	할부